本书由重庆市发展信息管理工程技术研究中心（重庆工商大学）资助出版

乡村旅游开发中农民权益保障的长效机制研究

李南洁　姜树辉　著

中国财经出版传媒集团

经济科学出版社
Economic Science Press

图书在版编目（CIP）数据

乡村旅游开发中农民权益保障的长效机制研究/李南洁，姜树辉著 . —北京：经济科学出版社，2017.4

ISBN 978 - 7 - 5141 - 7990 - 3

Ⅰ. ①乡… Ⅱ. ①李…②姜… Ⅲ. ①乡村旅游 - 关系 - 农民 - 权益保护 - 研究 - 中国 Ⅳ. ①F592.3②D422.6

中国版本图书馆 CIP 数据核字（2017）第 078053 号

责任编辑：王东岗
责任校对：徐领柱
版式设计：齐　杰
责任印制：邱　天

乡村旅游开发中农民权益保障的长效机制研究

李南洁　姜树辉　著

经济科学出版社出版、发行　新华书店经销

社址：北京市海淀区阜成路甲 28 号　邮编：100142

总编部电话：010 - 88191217　发行部电话：010 - 88191522

网址：www. esp. com. cn

电子邮件：esp@ esp. com. cn

天猫网店：经济科学出版社旗舰店

网址：http://jjkxcbs. tmall. com

北京季蜂印刷有限公司印装

710×1000　16 开　10.5 印张　200000 字

2017 年 4 月第 1 版　2017 年 4 月第 1 次印刷

ISBN 978 - 7 - 5141 - 7990 - 3　定价：39.00 元

（图书出现印装问题，本社负责调换。电话：010 - 88191510）

（版权所有　侵权必究　举报电话：010 - 88191586

电子邮箱：dbts@ esp. com. cn）

前 言

乡村旅游因其广阔的市场前景，良好的社会、经济、生态效益，及其综合性强、关联性大，劳动密集型等产业特点，在打破城乡二元结构、促进农村经济、解决"三农"问题等方面发挥重要作用，成为推动城乡和谐发展和新农村建设工作的切入点，受到各地政府和百姓的普遍欢迎。然而在我国乡村旅游开发的实际运行过程中隐藏着众多难以解决的问题，尤其是农民权益受损问题。集中体现在：一是农民在旅游开发中土地被占用、环境遭破坏、生活受干扰，同时合法权益得不到有效保证、不能长期分享旅游发展成果等；二是由于资源占有不同，农民介入旅游的程度不同，在当地农民内部也存在利益分配不均或恶性竞争的现状，造成农民间矛盾激化；三是开发者在追求经济效益最大化过程中，把具有极高文化价值的乡村文化资源作为旅游商品开发，导致乡村的非物质文化被破坏。这些问题的存在影响了当地乡村旅游的有序发展，更为农村社会的和谐发展埋下隐患。

本书在对乡村旅游和农民权益保障相关理论研究基础上，对已发展乡村旅游的当地农民进行满意度调查，了解乡村旅游开发中农民权益保障的现状，针对农民权益受损的问题，借鉴典型乡村旅游开发区的创新实践经验，构建农民权益保障的长效机制，使农民从乡村旅游中得到切实、长远利益，使乡村旅游在打破城乡二元结构、促进农村经济、解决"三农"问题等方面的作用得到更充分的发挥。最后，针对目前乡村旅游开发的相关制度缺陷，以农民权益得到有效保障为前提进行制度优化。为乡村旅游开发及农民权益保障相关理论体系提供有益补充，为政府制定相关政策提供科学依据和决策参考，为我国乡村旅游可持续发展提供可行的措施和办法。

本书所涉及的数据分别来源于有关国民经济和社会发展统计公报、乡村旅游开发区所在地相关政府部门统计数据及现场调查数据；实践案例资料除现场调查所得之外，其余均由乡村旅游开发所在地的旅游局、扶贫开发办公室等相关单位提供，在此表示感谢；本书撰写过程中参考引用了国内外学者的研究成果，在本书最后列出了主要的参考文献，对它们的作者也一并致谢。

本书研究工作的完成得益于重庆市教委科学技术研究项目（KJ1706178）、重庆工商大学科研平台开放课题（1456038、KFJJ2016028）、西南大学决策咨询项目（2016SWUJCZX03）的资助。本书的出版由重庆市发展信息管理工程技术研究中心（重庆工商大学）资助。

因资料收集、研究水平与经验等方面的原因，本书难免有不足或疏漏之处，敬请各位热心读者不吝赐教，以作进一步修正和提高。

李南洁
2017 年 3 月 10 日

目　录

1

绪　论

1.1　研究背景

第一，在我国，"三农"问题无论在中国革命还是在现代化建设中都是基本问题，而农民权益的保障是解决"三农"问题的重点和归宿。

中国是一个农民大国，在 13 亿人口中，有 9 亿多是农民。世界上任何一个国家在任何一个历史时期，农民的规模和数量都无法与中国相比较，中国农村问题和农民问题构成了中国社会最基本的国情之一。毛泽东曾说过，谁赢得了农民，谁就赢得了胜利。可以说"农民问题始终是中国革命、建设和改革的根本问题。"

经过 30 多年的改革开放和现代化建设，农村改革取得了显著的成就，农村的面貌有了明显改善；农民的收入水平提高了，农业生产发展了。然而，就在这样"看上去很美"的大好形势下，2000 年，有学者却发出了"农民真苦，农村真穷，农业真危险"的浩叹，随即成为传遍中国知识界以及决策阶层的振聋发聩的警世之言。此后，"三农"问题一度成为全社会关注的焦点，成为中国社会关注度最高的民生问题。而农民权益的保障是解决"三农"问题的重点和归宿。2008 年 10 月，党的十七届三中全会审议通过了《中共中央关于推进农村改革发展若干重大问题的决定》，该决定强调要

"以维护农民权益为重点"和"必须确实保障农民权益"来推动农村改革发展。此次会议提升了保障农民权益的政治高度，为之后的农村改革就农民权益的保障提供了政策依据。这表明"保障农民权益"将成为今后农村深化改革发展的重要任务来抓。尤其是在当前，党和政府高度重视农民问题，把农民问题作为社会建设的根本问题来看待，也制定了一系列以增加农民收入、改善农民生活条件、提高农民社会地位的农村政策，取得了一定的成效。但也要看到，现阶段农村改革进程中由于传统农民的法律知识少、自我保护法律意识差，加上具体制度建构层面的缺失，农村改革遭遇了发展"瓶颈"，传统农民农业生产等合法权益保障未得到实现；城镇化进程步伐越快，农村中的居民由农民变为市民的合法权益越容易受到侵犯，尽管在现行的相关政策和法律中已经包含了保护农民权益的规范，但现实中农民的权益还是很难得到全面有效的保障，农民作为弱势群体的地位仍没有得到根本改善。

中共十八届五中全会提出了"坚持共享发展，着力增进人民福祉"的"十三五"经济社会发展的主要目标和基本理念。要求"十三五"必须按照人人参与、人人尽力、人人享有的要求，完善制度，保障基本民生，实现全体人民共同迈入全面小康社会。因此，农村贫困农民脱贫成为全面建成小康社会最艰巨的任务。"十三五"社会经济发展目标的确定，促使广大学者从各自不同领域去研究探索农村贫困人口脱贫致富，农村经济可持续发展的机理与路径，为加快推进我国农村经济发展和农民脱贫致富实践提供理论支撑。

第二，乡村旅游的发展为我国乡村的发展注入了活力，但也日益暴露出诸多问题，尤其是作为"灵魂主题"的当地农民的权益得不到有效保证。

乡村旅游是以乡村范围为主要活动空间，依托乡村基础设施、乡村面貌、乡村居民生产生活场景、乡村民俗等旅游资源面向城市居民开展的观光、休闲、娱乐和度假等旅游活动。乡村旅游最主要的旅游资源在于乡村居民长期生产生活过程中所创造的各种精神文化和物质文化。农民作为这些旅游资源的创造者和重要载体，是乡村旅游活动中的灵魂主题。

乡村旅游的发展顺应了时代发展的要求。1978 年以来，我国经历了快速的城市化进程，这是牵涉城乡经济、社会以及空间、生活方式等一系列的深刻转变过程。伴随着城市转型，乡村转型作为社会转型发展的一个必经阶段，既是乡村现代化的实际要求，也是实现城市转型，使城市与乡村互动发展的必然结果，进入 21 世纪以来，中国已进入城市化高速成长期，工业化、城市化的快速发展，推动着乡村在村镇空间组织结构、乡村就业方式、产业发展模式、消费结构、工农关系、城乡关系等方面的转型发展。从 20 世纪 70 年代开始，发达国家普遍出现了"逆城市化"趋势，大多数人似乎更愿意选择乡村作为自己更乐意居住的地方。尤其是进入 90 年代以来，越来越多的人开始追求乡村田园般的生活，于是乡村旅游、休闲活动、假日农场等这些新行为应运而生，给乡村的发展注入了新的活力。面对乡村扮演的新角色、出现的新行为，人们开始重新思考定位乡村的功能和发展方向，乡村研究也呈现出新的研究视角，乡村转型就是其中一个重点。欧洲地区多功能农业已成为欧洲农业与乡村发展的新范例，这也反映了发达国家乡村转型发展的另一种形态。乡村旅游发展的出发点和目标即为从根本上促进乡村经济的发展和解决乡村居民增收的问题。为推动乡村发展，实现乡村转型，发展乡村旅游就是其中一个很好的切入点。

中国是农业大国，是真正意义上的乡村大国，中国广袤大地上一直以乡村为主导景观。目前，乡村旅游的发展已占据我国农村经济发展的重要地位。随着社会经济的发展，乡村旅游发展对于农村社会的重要性日益凸显，人们发现乡村的原真性正在不断消逝。城市居民为了获得娱乐、放松和恢复身心的效益来到乡村地区开展游憩休闲等旅游活动；而乡村地区亦透过休闲旅游产业的发展，支撑乡村经济和社会的转型。我国乡村旅游内容不断丰富化，形式逐渐多样化，规模也在迅速扩大，乡村旅游已成为新农村建设的着力点，给乡村经济和社会的发展带来了巨大而深远的影响，对推进乡村产业结构调整、改善农村环境、增强当地的经济活力、增强乡村劳动力的就业机会、提高农民收入以及丰富都市旅游产品、满足市民休闲旅游需求、丰富农村文化知识、改善城乡居民关系、完善乡村基础设施建设、缩小城乡差距、解决"三农"问题等方面都能产生积极的作用。但由于我国乡村旅游最先是由政府或外来企业进行援助开发，往往以单纯的经济增长为目标，在发展过程中也日益暴露出诸多问题，尤其是作为"灵魂主题"的当地农民常常被作为旅游开发的客体而不是主体，造成农民利益大量流失，集中体现在农民的土地被占用、环境遭破坏、生活受干扰，同时其旅游资源的价值没有真正实现、合法权益得不到有效保证、不能长期分享旅游发展成果等，导致部分农民对旅游发展产生不满情绪，极大制约了乡村旅游的可持续发展，更为农村社会的和谐发展埋下隐患。

综上所述，关注当地农民，妥善解决农民权益问题，实现好、维护好、发展好最广大农民根本利益，是我国乡村旅游开发、农村经济可持续发展，构建农村和谐社会、确保"十三五"如期全面建成小康社会的重要课题。本书在对乡村旅游和农民权益保障相关理论研究基础上，对已发展乡村旅游的当地居民进行满意度调查，了解乡村旅游开发中农民权益保障的现状，针对农民权益受损的问题，借鉴典型乡村旅游开发区的创新实践经验，构建农民权益保障的长效机制，使农民从乡村旅游中得到切实、长远利益，使乡村旅游在打破城乡二元结构、促进农村经济、解决"三农"问题等方面的作用得到更充分的发挥。为乡村旅游开发及农民权益保障相关理论体系提供有益补充，为政府制定相关政策提供科学依据和决策参考，为我国乡村旅游可持续发展提供可行的措施和办法。

1.2 研究现状

1.2.1 国外研究现状

国外发达国家对农民权益的保护一般是通过农业和农村立法的形式进

行，如日本的《食物、农业、农村基本法》、法国的《农业指导法》中都有如农民退休金、农村社会保障等保护农民利益的制度。在农民权益保护立法的同时，还有完善制度运行的有效机制，一方面，加强农民的组织化程度，提高农民在市场交易过程中的谈判地位，保障交易的公平性。另一方面，改善农村法治环境，在提高农民维权意识的同时，建立农村司法救助制度，完善农民权益保护的法律机制。

从国际范围来看，乡村旅游起源于19世纪的欧洲，至今已有100多年的历史。法国、西班牙、英国等国最先开展乡村旅游活动。20世纪70年代中后期，发达国家进入高度城市化发展期，城市化水平平均达到80%，与此同时，乡村旅游也空前兴盛起来，各国政府以各种方式推动乡村旅游的发展。时至今日，回归田园已经成为发达国家城市居民追求的一种潮流。从欧美各国的发展经验看，政府政策对推进乡村旅游发展起了重大作用。首先是通过立法，如日本1990年颁布的《市民农园事务促进法》，对市民农园土地的租借期限、土地上的设备的所有权和使用权等做出了规定，解除城市居民赴农村进行农业旅游休闲活动的后顾之忧。其次是出台相关优惠政策，将乡村旅游纳入农村可持续发展总体战略。如加拿大政府出台很多促进乡村旅游发展的政策，各省层面也制定乡村旅游发展的规划。国外乡村旅游最初的开发模式是采用外源式开发——由外来企业或委托政府援助进行地区开发，其特色是以追求经济成长为目标的持续的现代化与工业化。由于外源式开发过度简化了乡村结构的多样性，忽略了社会公平、生活质量、生态保育与文化保存等非经济层面的重要性，不仅无法从根本上解决乡村的贫弱问题，而且严重损害当地居民的合法权益，不利于乡村旅游的可持续发展，为了应对外源式发展带来的环境和社会问题，1975年瑞典财团达格·哈马舍尔德（dag hammarskjold）与日本鹤见和子几乎在同一时期，提出了"内生式"发展模式——在经济发展的同时追求人的自身发展、协调发展（人与环境间，地区间，社会阶层间）和可持续的发展（生态、文化），得到许多学者的响应，并在许多发达地区运用后收到了良好效果（日本的金泽市和大山市等）。乡村旅游的内生模式对于解决外源式开发过程中出现的当地居民权益受损问题十分有效。同时，为了使乡村旅游发展成果向当地居民倾斜，政府也通过社会培训和政策引导，实现社区参与，共同分享乡村旅游发展成果。总的来看，在经历一个多世纪的发展后，当前国际乡村旅游呈现出更加理性、更规范的发展态势，更注重乡村旅游的文化保护及当地居民合理权益保障。国外乡村旅游的发展轨迹表明，乡村旅游不仅是一个产业构件，更是一项社会职能，体现对乡村生态环境保护和社会传统文化的重视。

1.2.2 国内研究现状

国内农民权益保障在近年来也得到足够的重视和进一步的改善，学术界对如何保障农民权益的研究也取得一定进展，认为农民权益保护的困难在相当程度上根源于相关法制的缺失，要实现农民权益合理保护必须首先制定新的法律来保障农村集体土地的产权地位，维护农民各项合法权益。另外，农民组织的建设也是保护农民权益的关键，由于在各种利益集团的博弈中，农民始终处于弱势地位，为保证多元利益的和谐，有必要对农民进行倾斜性权利配置。总体来说，大部分研究将农民权益保障与农村改革发展相结合，尤其集中于将农村土地制度的改革与农民土地权益保护相结合。

乡村旅游是城市化进程中现代文明对传统文明的守望与凝视，也是人类对不同文明形态共有共荣的行为表现。在我国，乡村旅游还是解决"三农"问题直接而有效的途径。因此，我国乡村旅游从诞生之日起就肩负起着解决"三农"问题的重任，在提高农民收入、促进农民就业、调整和改善农村经济结构、推进城乡一体化建设等方面发挥越来越重要的作用。而且，我国乡村旅游也带有浓烈"扶贫"特色，显著的"扶贫效应"使其受到全国各地的追捧。据农业部的不完全统计，从 1987 年我国首个农家乐在成都市郫县农科村诞生，到 2013 年底，我国农家乐的数量有 170 多万家，乡村旅游的重点村有 10.6 万个，全年接待游客将近 10 亿人次，旅游收入达到 2800 多亿元，直接受惠的农民有 3000 多万，基本形成了依托城市、围绕名胜、展示山水、经营农事、特色农耕文明与现代文明融合发展的格局。然而，乡村旅游开发的过程实际上是开发商、政府、农民等利益相关者追求自身利益最大化的非完全信息动态博弈过程，由于我国农民权益一直存在缺失问题，使得本应该由农民享有的权益受到来自于社会其他利益主体的侵害。造成当地居民对乡村旅游产生抵抗情绪，极大地影响了旅游地的可持续发展。

在此基础上，我国学者开始反省乡村旅游开发带来的一系列社会问题，尤其农民权益保障问题。其相关研究主要包括以下几个方面：一是从乡村旅游可持续发展的角度，论述农民权益保障的重要性及农民权益保障方法。唐善茂、张瑞梅等基于龙胜特色旅游资源开发极限效应研究对居民态度调查发现，景区居民与政府、投资商、居民内部、旅客均有不同程度的利益冲突，认为要实现乡村旅游的可持续发展，必须坚持以人为本，加强对人尤其是弱势群体需求的关注和实现。周广永认为，基于社区主导的内生式开发模式才是乡村旅游可持续的理想模式，该模式着力于当地农民的需求、能力和前途，便于发挥农民的主体性，从而创造出地区经济自我循环机制，建立农村可持续发展的经济体系。二是基于利益相关者理论，将农民利益或社区利益作为乡村旅游开发中最重要的一个利益主体加以考虑。郭华基于乡村旅游利益相关者的多重利益博弈过程，提出了"政府主导、居民赋权、市场参与、多方协作"为特点的乡村旅游多中心治理模式，从经济、心理、社会、政治四个维度的居民赋权，促使乡村社区居民在乡村旅游发展过程中逐步担当起建议者、计划者、执行者、管理者、监督者、受益者等多元角色，从而实现其权益的有效保障。方碧姗认为，核心型利益相关者包括旅游者、旅游企业、社区居民、政府四类，只有通过建构一个能推动乡村旅游发展的利益均衡机制，特别是要合理保障农民权益，才能促进当地乡村旅游的发展。三是从乡村旅游经营模式的角度研究如何实现农民利益最大化。潘顺安研究了乡村旅游的驱动机制与开发模式，并对各开发模式进行了评价，认为村集体组织村民自愿自主参与的开发模式较好，村民旅游收入高，社区内的绝大多数农户都能得到相应的旅游收入，有利于农民权益保障。巩胜霞认为乡村旅游的发展就离不开旅游地农民的参与，农民及农户应该成为乡村旅游各种经营体的主要构成部分，通过股份合作制的乡村旅游发展经营模式，可以调动农民参与家乡建设的积极性，为乡村旅游的持续发展提供强有力的动力和保障。四是直接从农民权益保障或农户利益分配的角度进行论述。如高军波探讨了乡村旅游开发农民权益受损的原因，他认为旅游资源国有化、农村社区集体组织存在弊端、农民的自身素质较低、不适宜的开发模式等均是农民权益受损的原因所在。周绍健对浙江省乡村旅游开发进行实地调查，认为构建农民权益保障机制必须从教育培训、就业、决策参与、配套机制和利益分配机制几个方面入手。

总体来说，国内外关于农民权益和乡村旅游的研究并不少，但是，但直接针对乡村旅游开发中农民权益保障的问题研究较少，大部分研究是从乡村旅游可持续发展、利益相关者、乡村旅游经营模式等角度对农村权益保障的重要性、如何保障农民权益和采用什么模式进行探讨。关于乡村旅游开发中农村权益保障的研究主要不足之处在于：一是没有将农民权益问题作为乡村旅游开发过程中的重大问题加以研究；二是缺乏以经济权益、社会权益与政治权益的完整保障为基础，构建完善的农民权益保障体系；三是没有将农民可持续发展与乡村旅游可持续发展充分结合，形成农民权益保障的长效机制。

1.3 研 究 内 容

1.3.1 研 究 框 架

本书的研究框架见图1-1。

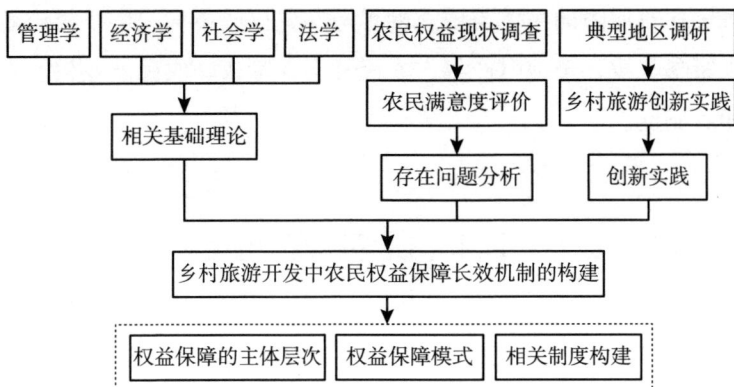

图 1 - 1　研究框架

1.3.2　研究内容

(1) 我国乡村旅游开发中农民权益受损的现状分析

包括乡村旅游开发对当地农民的影响、当地农民对乡村旅游开发的满意度评价、农民权益受损的情况及受损原因分析等。

(2) 乡村旅游开发农民权益保障的理论基础

包括旅游可持续发展、社会参与、利益相关者等乡村旅游发展相关理论与人本思想、农民权利保障、利益机制等农民权益相关理论基础等。

(3) 我国典型地区乡村旅游开发中农民权益保障的创新实践

我国典型地区乡村旅游的现状、产品、类型、突出特点及针对农民权益保障方式、方法等的创新实践总结。

(4) 乡村旅游开发中农民权益保障的长效机制

首先,提出农民权益保障层次——"个体—组织—社区";其次,提出乡村旅游开发中农民权益的保障模式——"保护—发展—内生";最后,基于以上农民权益保障的主体与模式的思考，建议改革和完善乡村旅游开发中的农民决策参与权、土地财产权、农民社会保障权、农民就业权、农民环境权益等相关制度。

1.4　研 究 视 角

1.4.1　从哲学视角和战略高度审视我国乡村旅游开发中农民权益的保障

当前，在城市化潮流的推动下，在政府和市场这两只"看不见的手"的共同促进下，我国乡村旅游正形成加速发展的态势，进入了战略机遇与转型升级挑战并存的时期。乡村旅游未来一个时期的可持续发展，取决于我们对战略机遇的把握和对影响乡村旅游发展深层次矛盾的研判与解决。其中最重要的就是乡村旅游发展中农民权益的保障。从目前乡村旅游发展的情况看，农民在一些地方虽然已经成为乡村旅游的参与主体，但是他们尚未成为受益主体和决策主体。通过餐饮服务、纪念品销售、歌舞表演、抬轿等简单的参与形式，乡村旅游解决了他们的生存问题，但是并没有真正解决他们的发展问题，农民并没有从中得到发展能力的提升。虽然从全国范围来看，有部分农民因乡村旅游的开发发了家致了富，但是尚不完全具有普遍意义。关注民生、关注农村区域的回馈与发展的时代，如果没有更多的人从中受益，更多的青年从中看到未来，那么我国的乡村旅游事业就不能说是成功的，并且也是不可持续的。

1.4.2　从经济之外的视角审视乡村旅游

长久以来，政府部门也好，业界、学界也好，更多的是从经济视角来看待乡村旅游。在总结成功经验时大多也只是在算经济账，比如：接待人数，接待收入，税收及就业，等等，诸如此类，似乎乡村旅游是一个纯粹的经济体，而对乡村文化的传承、培育与创新考虑得很少。在与城市文化的互动中，乡村文化显然处于相对弱势的地位。在城市现代文化的冲击下，乡村居民逐渐失去自我，而成为城市文化的附庸。没有人的认同与传承，乡村文化也逐渐在迷失中瓦解。在旅游的经济属性彰显的时代，关乎人文的思想被遮蔽，是再正常不过的事情。但一个没有本地文化传承的乡村，只不过是一个死的空间。另外，乡村旅游发展过程中对农村生态环境、村落环境、文化景观的保护等问题还做得不够好，不少乡村旅游地的生态环境破坏、文化传统扭曲，旅游资源遭受破坏。再者，我国乡村旅游产品类型相对单一，产品同质化现象较为严重，乡村旅游经营人才紧缺，乡村旅游就业培训缺乏等问题也影响到其可持续发展问题。我们应该密切关注这些问题，从经济之外的视角审视乡村旅游发展，并采取积极的调控措施，否则会影响到乡村旅游的长久发展。

1.4.3 从我国乡村旅游的特殊使命——扶贫的角度探讨我国乡村旅游开发中贫困人口可持续受益问题

发展乡村旅游是我国贫困地区脱贫致富的重要突破口。2011 年 12 月我国出台的《中国农村扶贫开发纲要（2011～2020 年）》明确把包括武陵山区等 14 个连片特困地区作为扶贫攻坚的主战场。2012 年 7 月，国务院扶贫办与国家旅游局签署合作框架协议，提出旅游扶贫是片区开发的重要突破口，将整合各方资源投向贫困地区进行旅游开发，带动连片特困地区脱贫致富。因此，如何结合乡村旅游开发实现贫困地区的可持续发展是我国连片特困区扶贫攻坚的关键问题，涉及国家扶贫开发战略的实现，对于推动经济社会可持续发展、确保人民共同实现全面小康均有重要意义。乡村旅游扶贫开发在经济上的扶贫效果已有实践证明，但要实现可持续扶贫，解决贫困人口的可持续受益和发展问题，防止返贫和消除收入差距是要解决的关键问题。贫困人口既是扶贫对象也是民族生态文化的主要创造者和拥有者，他们的态度与作为在最大程度上影响并制约着乡村旅游产业的发展前景及可持续性。因此，必须充分考虑当地农民对旅游利益的分配并尊重当地农民在乡村旅游开发中的主体地位，研究乡村旅游开发中贫困人口可持续受益问题，使乡村旅游扶贫开发在解决贫困人口生存问题的同时，进一步解决他们的发展问题。

2

相关概念界定

2.1 乡村旅游与乡村旅游开发

2.1.1 乡村旅游

（1）乡村旅游的定义

国内外学术界对乡村旅游还没有完全统一的定义，比较有代表性的定义主要有以下几种：①西班牙学者吉尔伯特和邓（Gilbert and Tung）认为，乡村旅游（rural tourism）就是农户为旅游者提供食宿等条件，使其在农场、牧场等典型的乡村环境中从事各种休闲活动的一种旅游形式。②世界经济合作与发展委员会定义乡村旅游为：在乡村开展的旅游，田园风味（rurality）是乡村旅游的中心和独特的卖点。指出乡村旅游是一个空间概念，是与城市相对立的一种旅游形式。③以色列的阿里·理查（Arie Reichel）与奥登·罗文格特（Oded Lowengart）和美国的埃迪·米尔曼（Ady Milman）简明扼要地说：乡村旅游就是位于农村区域的旅游，具有农村区域的特性，如旅游企业规模要小、区域要开阔和具有可持续发展性等特点。④英国的布拉姆韦尔和莱恩（Bramwell and Lane）认为，纯粹的乡村旅游，一是位于乡村地区；二是旅游活动是乡村的；三是规模是乡村的；四是社会结构和文化具有传统特征，变化较为缓慢，旅游活动常与当地居民家庭相联系，乡村旅游在很大程度上受当地控制。⑤默多克（Murdoch J）认为，由于乡村自然、经济、历史环境和区位条件的复杂多样，因而乡村旅游不仅是基于农业的旅游活动，而是一个多层面的旅游活动。它除了包括基于农业的假日旅游外，还包括特殊兴趣的自然旅游，生态旅游，在假日步行、登山和骑马等活动，探险、运动和健康旅游，打猎和钓鱼，教育性的旅游，文化与传统旅游，以及一些区域的民俗旅游活动。⑥吉尔伯特和邓认为，农户为旅游者提供住宿等条件，使其在农场、牧场等典型的乡村环境中从事各种休闲活动，同时把乡村旅游的对象局限于农场、牧场，其实质是农业旅游。

　　国内有关乡村旅游的定义较多，比较典型有：①何景明认为乡村旅游是指在乡村地区，以具有乡村性的自然和人文客体为旅游吸引物的旅游活动。乡村旅游的概念包含了两个方面：一是发生在乡村地区；二是以乡村性作为旅游吸引物；二者缺一不可。②谢雨萍、李肇荣认为，乡村旅游主要是指以乡村社区为旅游场所，以乡村独特的生产方式、生活风情和田园风光为对象和以农户为旅游者提供食宿服务的一种旅游类型。③杨旭指出，乡村旅游就是以农业生物资源、农业经济资源、乡村社会资源所构成的立体景观为对象的旅游活动。④杜江认为，乡村旅游是以乡野农村的风光和活动为吸引物，以都市居民为目标市场，以满足旅游者娱乐求知和回归自然等方面需求为目的的一种旅游方式。

（2）乡村旅游的类型

　　从旅游项目和活动类型看，乡村旅游主要存在三种类型。

　　①观光型。这种类型是以观赏农村田园风光、自然生态系统、现代农业园区、农村民居以及传统民俗文化为主的乡村旅游方式。

　　②参与型。这种类型是以参与农耕农作并购买独特的农业旅游产品为主

的乡村旅游方式，这种旅游方式带有明显的季节性和时令性特点。

③度假型。这种类型是以到农家村落，吃住都在农家，亲身体验农村生活，从中获得乐趣，主要呈现为一条龙休闲度假模式的旅游类型。

（3）乡村旅游的内涵

由以上乡村旅游的定义可知，乡村旅游的内涵应包括以下几方面的内容。

①乡村旅游资源和乡村旅游产品的特定性，决定了乡村旅游的目的地只能是与都市具有一定距离的乡野农村。

②乡村田园风光、乡村建筑群落、乡村自然生态环境、乡村传统农耕农作、乡村传统民俗文化等资源是乡村旅游的活力源泉，它们可以满足城市居民回归自然、释放压力的需求。

③乡村旅游的目标市场是居住在现代化都市，每天处于高节奏生活中的城市居民。

④乡村旅游的发展必须与保护生态环境相结合，其发展必须与生态环境保护相协调，坚持可持续发展原则。

基于对乡村旅游的理解，本书主要从以下几个方面把握乡村旅游的内涵：首先，乡村旅游的吸引物是乡村本身。由于乡村内涵具有多样性、广泛性特点，包括自然、人文、社会等多种形式的资源，涵盖乡村的农事生产活动、农业景观、文化传统、风俗习惯、居住环境、自然景观等各方面，因此乡村内部一切有吸引力的事物，都可以被视为乡村旅游的凭借。其次，乡村旅游产生的动机，即旅游动机，是人们求新、求异，追求不同文化体验的一种心理诉求，当都市人厌倦了紧张、枯燥、嘈杂的城市生活，以及被工业气体严重污染的城市环境后，清新、悠闲、宁静的乡村生活使人心生向往。而乡村旅游为此提供了良好途径。最后，乡村旅游的游客群体以都市人为主，既包括国内旅游者，又包括国际旅游者。乡村与城市生活状态、生产方式、自然环境、风俗习惯的差异性构成了对都市人群的吸引。

2.1.2 乡村旅游开发

(1) 乡村旅游开发的定义

"开发"一词，是指人们对资源及其相关方面进行整合开发的过程。在这个前提下，旅游开发是在一定国土范围内，为吸引和接待旅游者而进行的旅游设施建设和旅游环境培育等综合性的社会和技术经济活动。由此可见，旅游开发是一项系统工程，其复杂程度可见一斑。其中旅游资源开发是最重要的组成部分，它是针对旅游资源所进行的开发活动，主要是指以发展旅游业为前提，以市场需求为导向，以旅游资源为核心，以发挥、改善和提高旅游资源对游客的吸引力为着力点，达到大量吸引各地游客并满足其观光、考察、学习、娱乐或是单纯放松身心的各种需求的包含着一定技术含量的经济活动。

乡村旅游的开发是指在具有未经雕饰的原始景观、优美的大自然景观与历史悠久的民俗文化并且拥有相应的旅游资源和旅游产品的乡村地区，对包括乡村田园风光、乡村建筑群落、乡村自然生态环境、乡村传统农耕农作、乡村传统民俗文化等在内的乡村旅游资源进行整合和开发，以满足和吸引城市居民来到这里旅游的技术性经济活动。

(2) 乡村旅游开发的原则

①保护优先原则。乡村旅游的开发需以保护为前提，这里的保护对象主要是以上所述的那些乡村旅游资源。因为乡村旅游开发的目的就是吸引众多的游客，所以它的选地往往是条件非常好的地方，那里的生态环境优良，自然风光优美，文化积淀深厚，民风朴实和谐。如果不坚定地保持保护优先原则，一味地追求经济利益最大化，长此以往会对上述优秀的乡村旅游资源造成毁灭性的破坏，而且这种破坏往往具有不可逆的特点。

②注意乡愁文化营造原则。从目前的城乡发展情况来看，中国已进入一

个城市化与逆城市化并行的时代。一方面城市化达到一定的水平之后，产业、一般性消费、生活环境都会发生逆城市化的趋势。另一方面人们在城市文化中生活的时间长了，开始怀念乡村文化，即所谓的"乡愁"。从精神层面也出现了一个逆城市化的文化需求。因此，在我国新乡村旅游的发展问题上，我们必须要带有一定的前瞻性，按照逆城市化而非城市化的要求来发展乡村，建设有历史、有文化、有传承、可经营的乡村。也就是说，让"乡愁文化"成为乡村农业资源整合的统领，使特色农业发展、文化传承与生态文明结伴而行才是我国乡村旅游发展的正确方向。乡愁营造要突出乡村的本土化和差异性，要重点挖掘和展示当地乡愁文化元素，发展让人真正看得见山水、记得住乡愁的乡村旅游。

③可持续发展原则。乡村旅游开发对于环境的依靠性不言而喻，同时对于环境的破坏也是显而易见的。在发展经济的同时，要注重保护环境，做到经济和环境的协调发展，这是在进行任何经济建设都要把握的基本政策，乡村旅游开发当然也不例外。从某些角度来看，乡村旅游开发中的环境保护显得尤为重要，在开发的时候，应当根据不同区域景观敏感性的不同进行分区管理，利用先进的技术手段对开发活动带入乡村生态系统的物质和能量进行处理。任何一个稳定的生态系统都是经过千百年的进化形成的，有其特定的物质能量循环方式和规模，任何外来的物质和能量都将对这一循环系统产生影响，一旦打破原有的平衡，会对当地生态系统产生不可估量的严重后果。所以我们应当采取积极的方式，努力保护乡村旅游开发地的环境，为了当地人民子孙后代的生存和发展，坚守可持续发展原则。

④法制监控原则。乡村旅游开发是一项复杂的系统工程，其中牵涉到社会、经济、人文及环境的方方面面，为了确保旅游开发活动的合法性和道德性，需要建立乡村旅游开发约束机制，在旅游开发项目中要确保当地农民的利益、乡村旅游资源的协调发展、生态环境影响的稳定。同时，管理部门要严格依法管理，根据地域特点，建立健全各项规章制度，然后根据"谁主管，谁负责"的原则分类、分层次、分范围，明确管理职责，配设专门的部门或人员进行监督。

2.1.3 乡村旅游用地

乡村旅游用地的实质是基于旅游发展目的对农村集体土地的利用。从土地利用的角度来看，旅游用地既含有城市建设用地的特征，又含有农业用地的特征，是一种复合型的土地利用类型。因此，城乡规划没有将旅游用地作为一个整体对待，在《城乡建设用地分类标准》中也没有对旅游用地进行有效合理的界定。本书所指乡村旅游用地是从广义上理解的旅游用地，指具有乡村形态旅游功能，可以被乡村旅游业合法利用的所有土地，其实质是基于旅游发展目的对农村集体土地的合理利用。笔者将乡村旅游用地大致分为乡村旅游建设用地和乡村旅游非建设用地两种类型。乡村旅游建设用地是指乡村旅游用地中建造建筑物、构筑物的土地，包括旅游专项设施用地、旅游基础设施用地、旅游服务设施用地、旅游加工业用地和旅游管理用地；旅游非建设用地包括自然景观游览用地和旅游农牧副渔业种植、养殖用地。

（1）乡村旅游用地的获取途径

2008 年 10 月《中共中央关于推进农村改革发展若干重大问题的决定》（以下简称《决定》）规定："按照依法自愿有偿原则，允许农民以转包、出租、互换、转让、股份合作等形式流转土地承包经营权，发展多种形式的适度规模经营。有条件的地方可以发展专业大户、家庭农场、农民专业合作社等规模经营主体。土地承包经营权流转，不得改变土地集体所有性质，不得改变土地用途，不得损害农民土地承包权益。""依法征收农村集体土地，按照同地同价原则及时足额给农村集体组织和农民合理补偿，解决好被征地农民就业、住房、社会保障。在土地利用规划确定的城镇建设用地范围外，经批准占用农村集体土地建设非公益性项目，允许农民依法通过多种方式参与开发经营并保障农民合法权益。"因此，目前农村旅游用地获取有两种方式：一种是通过征收，将集体性质的农用地转变为国土性质，再按照《招标拍卖挂牌出让国有土地使用规定》中以招标、拍卖或者挂牌方式出让；

第二种是在不改变集体土地性质的前提下，采用多种方式进行农用地使用流转，包括农民承包经营权的流转和宅基地的流转。其中乡村旅游非建设用地主要通过农民承包经营权的流转获取，比如一个村组的农民部分或者集体联合起来，通过转包、出租、互换、转让、股份合作等多种形式流转土地承包经营权，实现土地集约化、规模化经营，为乡村旅游发展提供产业背景支撑。而乡村旅游建设用地获取的主要途径有：一是宅基地的流转，通过集中安置农户，整理出部分宅基地，流转为旅游配套服务设施用地；二是集体土地征收，即国家为了公共利益的需要强制将农村集体建设用地收归国有并给予一定经济补偿。

（2）乡村旅游用地与农村集体用地

从上文乡村旅游用地的获取途径可知，乡村旅游用地的实质是基于旅游发展目的对农村集体土地的利用。但在我国特殊国情和制度背景下，农村集体土地体现的不仅是生产建设功能，还充当着农民可以长期赖以生存的保障功能，与农民切身利益息息相关。所谓"农村集体土地"，一直是一个相对模糊的概念，没有确切含义，而且不同法律之间的界定也有出入。一般是按农村集体土地用途，将农村集体土地分为两类，即农用地和非农用地。农用地指直接用于农业生产的土地；非农用地指农村建设用地与未利用地，主要包括宅基地（即农民的住宅用地）、乡镇村企业用地、乡镇村公共设施用地、乡镇村公益事业用地4类。与农民切身利益最相关的是承包地和宅基地。因此，本研究所指农村集体土地主要指农民承包地和宅基地。

在乡村旅游用地获取过程中如何实现农村集体土地功能的合理存续是保障农民土地权益的关键农村集体土地是农民的"安身立命之本"，也是农民参与乡村旅游和分享旅游成果的"最大法码"。因此，如何在获取旅游用地的同时，合理保障农民的土地权益是解决乡村旅游的开发与当地农民利益之间矛盾和冲突的关键，已成为乡村旅游发展的焦点和热点问题。而在乡村旅游用地开发后，如何使农村集体用地承载功能得以存续，是保障农民土地权益的关键，也就是说农村集体用地转化为乡村旅游用地的同时，必须解决好农民的居住、收益、保障、就业等问题。

2.2 我国乡村旅游开发的特殊使命

2.2.1 乡村旅游开发与扶贫

（1）我国贫困地区与乡村旅游资源富集地区具有高度重叠性

我国自 20 世纪 80 年代中期开展大规模扶贫以来，中国的扶贫攻坚取得了举世瞩目的伟大成绩。但中国农村贫困线标准偏低，返贫率时有上升。2011 年 12 月出台的《中国农村扶贫开发纲要（2011～2020 年）》标志着我国新一轮扶贫攻坚战已经打响，战场主要在集中武陵山区等 14 个连片特困地区，扶贫思路也由"救济式"到"开发式"转变。2012 年党的十八大提出到 2020 年全面建成小康社会，实现国内生产总值和城乡居民人均收入比2010 年翻一番的目标，全国扶贫攻坚任务更加严峻。同时，随着扶贫开发工作的深入，各地贫困面逐渐缩小，没有解决温饱的贫困人口主要集中在那些自然环境恶劣、地理条件复杂、人地矛盾尖锐的边远山区、深山区、民族地区等。这些地区往往因为由于独特的地质构造历史、地质地形条件、乡村文化、民族文化等，拥有丰富的矿产资源、水能资源和生物资源、民族传统文化和乡村旅游资源等。也就是说，我国的贫困地区与乡村旅游资源富集地区具有高度重叠性。因此，乡村旅游可以也正在成为我国贫困地区脱贫致富的新生力量，它不仅可以增加农民收入，而且能充分利用农村剩余劳动力资源，带动贫困地区其他产业发展，对农村经济可持续发展具有重要意义。

（2）发展乡村旅游已成为我国贫困地区脱贫致富的重要途径

20 世纪 80 年代，一些老、少、边、穷地区利用当地旅游资源、兴办旅游业，产生了积极的社会影响；80年代后期，以贵州省旅游局率先提出了"旅游扶贫"口号；90年代中后期，国务院扶贫办和国家旅游局相继召开旅游扶贫工作会议，对旅游扶贫开发工作进行专题研究和工作总结；21世纪，西部大开发战略的提出相应地对旅游开发扶贫提出了更高的要求；2002年1月召开的全国旅游工作会议上，进一步提出了"试办国家旅游扶贫试验区"的工作设想和具体意见；2011年《中国农村扶贫开发纲要（2011～2020年)》要求充分发挥贫困地区生态环境和自然资源优势，大力推进旅游扶贫。近年来，乡村旅游显著的"扶贫效应"使其受到全国各地的追捧。发展乡村旅游已成为各贫困地区调整农业经济结构、培育农村新经济增长点、解决农村就业，促进农民增收，带领当地农民脱贫致富的重要途径。

2.2.2 乡村旅游开发与新农村建设

（1）新农村建设与乡村旅游开发均是促进农村社会和谐、城乡协调发展主要途径

2005年10月，十六届五中全会提出要按照"生产发展、生活宽裕、乡风文明、村容整洁、管理民主"的要求，扎实推进社会主义新农村建设。建设社会主义新农村是解决"三农"问题、加快农业和农村各项事业发展的总抓手，是实现农村和谐、促进城乡和谐的根本途径，是构建和谐社会的战略任务和基础工程。乡村旅游作为一种旅游形式，在旅游业中的产业关联带动、吸纳当地就业和促进改革开放、脱贫致富、生态保护等方面，都发挥着独特而显著的作用，是推动广大农民奔小康的重要途径。我国乡村旅游发展和新农村建设都是为了农村的发展、城乡的和谐，最终实现社会的和谐目标。

（2）乡村旅游发展与新农村建设有良好的互动关系

发展乡村旅游是新农村建设的有效途径，对新农村建设有促进和带动作用。一是乡村旅游能够有效地促进当地农业的产业化经营，带动农副产品和手工艺品加工、交通运输、房地产等相关产业发展；二是乡村旅游使许多农民成为旅游从业者，直接增加了农民收入；乡村旅游把城市的许多新信息、新理念带到农村，对农民素质和乡风民俗具有潜移默化的影响，使学文化、学技术成了一些农民的自觉行动，许多村民学起了普通话、外语和计算机，全面提升了农民素质；三是发展乡村旅游的农村乡镇，通过开发和保护旅游资源，使广大农民有了很强的环保意识，促进了当地环境资源、生态资源和文化资源的保护，增强了农村地区的可持续发展能力；四是乡村旅游具有现代服务业的特性，它的发展为农村引入了现代管理理念，有利于推进农村基层管理民主。同时，新农村建设是乡村旅游持续发展的有力保障：新农村建设为乡村旅游持续发展奠定了良好的社会环境、雄厚的经济基础和文化支撑，还可以提供乡村旅游发展所依赖的自然生态环境，为乡村旅游有序发展提供有效的法律法规保障，为乡村旅游持续发展提供专业技术人才。

2.2.3 乡村旅游开发与乡村文化

所谓乡村文化，就是人类与乡村自然相互作用过程中所创造出来的所有事物和现象的总和。乡村文化的各构成要素是在长期的历史发展过程中积累和沉淀下来的，在乡村旅游开发中，很多要素都可以转化为乡村旅游产品，其中，田园景观、农耕文化、建筑文化、饮食文化、手工艺文化、家庭文化、艺术文化具有浓郁的乡土气息，从而构成乡村旅游独具特色的核心吸引物，成为开发重点。乡村旅游的对象乡村景观、乡村旅游的产品和乡村旅游市场均呈现出乡村文化的属性。

（1）乡村景观是乡村文化的载体

乡村景观是乡村旅游的吸引物和对象，是发展乡村旅游业的基础和依托。它既不同于城市景观，又不同于自然景观，其空间构成是在原有地貌、气候等自然属性的基础上注入了人类文化特征后形成的，既是生态能量流、物质流的载体，又是社会精神文化系统的信息源。乡村景观与人的生产、生活、情感相融而生。在自然景观向乡村景观的转变过程中，许多方面改变和丰富了原有的自然地表、地貌的形态与形式。更重要的是，自然景观在转变的过程中与人类的生产和生活产生了种种关系，乡村景观中的一切景物都与人的生产和生活相伴而生，在本质上完全不同于没有任何关系的原生自然。不同的民族在不同时期、不同自然条件下创造各不相同的乡村景观，但它们都有一个共同点，即那里的生产与生活顺应了自然生态的发展规律，生态平衡尚没遭受破坏，出于生活需要的人工构筑物朴实无华，保持了居住与环境的真实接触，与周围环境相协调，在景观中展现出人与自然的和谐美。

（2）乡村旅游产品可以突出文化特性

旅游本身就是一种大规模的文化交流，任何旅游产品或旅游方式均有其自身的文化内涵，这是构成旅游吸引力的必备条件，也是旅游可持续发展的前提。我国作为历史悠久的农业大国，经过几千年的自然调适，形成相对成熟的、具有鲜明地方特色的农耕文化，由此导致的价值观念和行为体系更是异彩纷呈。所以从村落建筑到农田果园，从生产方式到生活习惯，从传统意识到行为准则均构成具有浓郁地方特色的旅游资源，以此为基础设计成的乡村旅游产品具有突出的文化特性。

（3）乡村旅游市场是现代人的一种文化需求和文化消费

乡村旅游是一种文化需求。普遍认为，现代旅游活动从根本上说是一种文化活动。游客在进行某种旅游活动时，不管具体的旅游产品或服务是什么，都是进行一种精神消费，而这种精神消费在很大程度上都与文化有关。当前人们消费的重点普遍转向对精神文化生活的享受，文化旅游即出于对不同文化主体的自我体验的冲动。乡村旅游为游客提供的消费价值，主要体现在一种精神的满足，人们通过参观古民居、科技农业园，欣赏民俗文化和田园风光，品尝农家食品、参加务农体验等活动，追求的不是物质上的索取，而是精神的享受和文化知识的获得，这一点同文化消费完全相同。

因此，在乡村旅游的发展当中，不仅要保持农村的自然生态，也要保护乡村的人文生态，减少乡村文化的流失，注重发掘乡村旅游的文化内涵，提升乡村旅游的文化品位，这才是乡村旅游进行深层次发展的出路。

2.2.4 乡村旅游开发与农村生态环境

（1）我国乡村旅游富集区与生态脆弱地区、限制和禁止开发区域也有高度重叠性

乡村旅游是立足于农村，利用乡村自然和人文景观、农耕文化、农家生活、民俗民风等旅游资源，通过科学规划和开发设计，为游客提供观光、休闲、度假、体验、教育、娱乐、健身等多项需求的旅游经营活动。它的生命线是乡村性，表现为乡村性的建筑、服饰、食品、田野、果园、环境等自然物质方面和乡村的民俗传统、乡风乡貌、语言文化、制度规范等精神文化方面，也即原生态的或乡村性的生态环境，包括乡村性自然生态环境和乡村性人文生态环境等。农村生态环境是乡村旅游的根基，没有良好的生态环境，乡村旅游发展就会受到制约，而乡村旅游对农村生态环境的影响也是非常深远的。我国乡村旅游富集区与生态脆弱地区、与主体功能区格局下的限制和禁止开发区域具有高度重叠性。由于独特的地质构造历史和地质地形条件，许多生态脆弱区往往拥有丰富的矿产资源、水能资源和生物资源。自然资源是经济建设与社会发展的物质基础。因此，对于这些资源富集、能量储备足的区域，依法划定限制或禁止开发区，如限制或禁止在自然保护区、地质遗迹保护区、重要饮用水水源保护区等区域一定范围内开展资源开发活动。因此，正确处理乡村旅游与农村生态环境之间的关系，已成为乡村旅游可持续发展的重大课题。

（2）乡村旅游开发与生态环境建设既相互促进又相互制约

农村生态环境是乡村旅游开发的根基，没有良好的生态环境，乡村旅游发展就会受到制约。因此，保护和改善乡村生态环境是乡村旅游的内在要求，同时，乡村旅游发展增强了农村经济实力，当地政府和农民有能力对旅游环境资源进行投资，提高资源环境质量。但也正是由于乡村旅游肩负当地"以旅扶贫""以旅促农"的重任，在经济增长的赶超心态下，极易短视，一味追求短期经济效益。若乡村旅游的开发、发展未经调查研究、科学论证，忽视环境影响评价与区域规划，缺乏科学管理、监控，将导致生态环境诸多负面效应，给农村生态环境带来巨大冲击。因此，乡村旅游与乡村生态环境的互动关系，必须正确有效地规避二者之间的相互制约关系，保护和建设好乡村生态环境，减少乡村旅游对乡村生态环境的负面影响，实现二者的良性互动及协调发展。

综上所述，由于乡村旅游具有独特的产业功能、很强的关联带动作用和潜移默化的教育作用，对于我国的扶贫事业、新农村建设、乡村文化与农村生态环境建设等均具有特殊使命。因此，我们大多数地区都将发展乡村旅游与新农村建设、产业扶贫等互相整合，整体规划，在重点扶持乡村旅游工作的同时，把国家和地方对于农业产业化、扶贫开发、环境保护、城镇建设等促进社会主义新农村建设的政策，运用于支持乡村旅游的发展。

2.3 农民与农民权益

2.3.1 农民

所谓"农民"一般理解为长时期从事农业生产的人。《谷梁传·成公元年》："古者有四民。有士民，有商民，有农民，有工民。"范宁注："农民，播殖耕稼者。"北齐颜之推《颜氏家训·勉学》："人生在世，会当有业，农民则计量耕稼，商贾则讨论货贿。"朱德《和何香凝主任原韵》之一："农民分地大翻身，苦战九年镇日勤。"但到底什么是"农民"？学术界"在议论究竟什么是农民时面临巨大困难"。国际上权威的工具书《新帕尔格雷夫经济学大辞典》的"农民（peasants）"词条也困惑地写道："很少有哪个名词像'农民'这样给农村社会学家、人类学家和经济学家造成这么多困难。"西方学术界从 20 世纪 60 年代以来就兴起了"农民"定义问题的论战。到 70 年代中期正如德国学者欣德尔抱怨的："关于如何定义'农民'的论战已经拖得太久了，以至于不少人认为继续这种讨论纯属浪费时间与精力。"但他也看到："这一论战事关农民研究的未来，因此讨论仍将继续下去。"一直到 90 年代，"谁是'农民'"似乎仍是个问题，以至于英国农民学家 T. 沙宁在 1990 年出版的一本颇有影响的书便以《定义中的农民》为题。

在当代发达国家，农民（farmer）完全是个职业概念，指的就是经营 farm（农场、农业）的人。这个概念与 fisher（渔民）、artisan（工匠）、merchant（商人）等职业并列。而所有这些职业的就业者都具有同样的公民（citizen）权利，亦即在法律意义上他们都是市民（西语中公民、市民为同一词），只不过从事的职业有别。这样的"农民（farmer）"不存在定义问题：务农者即为 farmer，一旦不再务农也就不复为 farmer 了，但无论务农与否，他与"市民"之间并无身份等级界限。

然而在许多欠发达社会，农民一般不被称为 farmer 而被视作 peasant。而 peasant 的定义则远比 farmer 为复杂。无论在研究中还是在日常生活的语境中，人们谈到"农民"时想到的都并不仅仅是一种职业，而且也是一种社会等级，一种身份或准身份，一种生存状态，一种社区乃至社会的组织方式，一种文化模式乃至心理结构。而且一般说来，社会越不发达，后面这些含义就越显得比"农民"一词的职业含义重要。在这些社会里，不仅种田人是"农民"，就是许多早已不种田的人、住在城里的人，也被认为具有"农民"身份。如 21 世纪初英属印度的孟加拉地区，绝大多数下层的非农职业人口都自认，也被认为仍属于"农民"，因为他们不仅都是种田人的兄弟或儿孙，而且他们的"家内习惯与生活准则"也与农民无异。调查还表明：当地农民自己对"什么是农民"的回答也更多地与地位而不是与职业相联系的。

在这点上，中国人深有体会。例如，如今在城里谋生的所谓"农民工"中，至少有 1/3 以上实际上是走出校门便进城闯世界的乡村青年，他们中很多人连一天农活也没干过，然而别人和他们自己都把他们看成"打工的农民"。事实上，如今的"农民工""农民企业家""乡镇企业"与"离土不离乡"等现象都与"农民"改了业却改不了"身份"这一事实有着逻辑联系。

因此，在国际上关于农民定义的讨论中，peasant 与 farmer 的区别是常被提到的。但这两个英文词一般都译作"农民"，这就容易造成概念上的混乱。例如，国外有不少论述"from peasants to farmers"过程的论著，若把这一过程译作"从农民到农民"就会让人不知所云。因此我国学术界有人译作"从贫苦农民到现代农民"，也有人译作"从农民到农场主"，实际上都不很贴切。但根本的问题还不在于翻译，而在于作为公民自由职业的农民（farmer）与作为传统身份等级意义上的农民（peasant）之区别是客观存在的。显然，我国"农民"仍然主要是一个身份概念而不是一个职业概念。"从农民到农业者"的演进在我国远未完成，我国存在着大量的农民身份者，这一事实比我国有大量人口实际上在田间劳作一事更深刻地体现了我国暂时的不发达状态。或者更确切地说，如果后一事实意味着产业上的不发达，那么前一事实则意味着社会的不发达。而身份性"农民"比重之庞大远远超过实际务农者的比重，则说明我国社会的发展已经明显滞后于产业的发展。

2.3.2 农民权益

权益是指现行法律所承认和保护的利益，所有的权利都与利益相关；而所有的利益并不都可以成为权利，只有现行法律所承认和保护的利益才是法律意义上的权利。农民的权益是指农民作为社会成员、国家公民应享有的权利和应得到的利益。包括：政治权益、经济权益、社会权益。

（1）政治权益

我国《宪法》规定："中华人民共和国的一切权力属于人民，人民行使国家权力的机关是全国人民代表大会和地方各级人民代表大会。人民依照法律规定，通过各种途径和形式，管理国家事务，管理经济和文化事业，管理社会事务。"农民作为国家公民，也具备合法的政治权益，农民的政治权益主要表现为政治参与权、政治决策权以及与此关联的农民在国家政治生活中的地位，如选举权和被选举权、组织权等。政治权利是经济利益的根本保障，一个政治权利没有保障的社会阶层，其经济利益不会安全。中国最基层的乡镇一级官员跟农民距离最近、交往最多、利益接触面最宽，因此二者间产生利益摩擦的可能性也最大。因此，在乡村旅游开发中，农民政治权益有没有得到有效保障，主要在于在乡村旅游开发中农民有没有参与管理和决策乡村旅游开发方案、开发模式、利益分配的权力，同时也表现在乡村旅游开发过程中农民与乡镇政府、村干部及开发商的关系如何。

（2）经济权益

经济权益主要涉及财产权益和市场主体权益两个方面，财产权益又可细化为财产的所有、使用、处置、收益等方面的权益。市场主体权益主要包括市场主体在生产、交换、分配、消费等方面的权益。具体到农民的经济权益主要是农民的劳动收入和土地所产生的财产性收入。农民最主要的财产是土地，因此，土地财产权利是基础（突出表现为土地的使用权、流转权、自主经营管理权和收益权等）。如果农民的土地可以被政府或者其他社会集团随意调整、侵占、剥夺，其他的权利就很难实现。具体到乡村旅游开发中，农民的经济权益主要表现为土地的征用、流转收益、旅游收益及由于乡村旅游开发带来的家庭收入变化等。

（3）社会权益

社会权益主要包括劳动就业权、受教育权、迁徙权、社会保障权、受尊重权等。农民的社会权益包括社会管理权——农民当家做主的权利，社会福利权——农民作为公民，享有政府提供的公共服务的权利。在乡村旅游开发中农民的权益主要表现为：乡村旅游开发后，农民的就业、社会保障情况，有没有相关的培训教育，乡村公共设施有没有得到有效改善，对当地的环境和文化有没有影响等。

2.3.3　我国农民权益的现状

中国历来都是农业社会占据主流，这也就决定了关于农民的问题在中国都是大问题这一基本国情。在封建社会时代，农民在国家中的重要作用不必赘述。在国民革命时期毛泽东在《国民革命与农民运动》一文中指出："农民问题乃国民革命的中心问题。"正是对农民问题的正确认识，才取得了中国革命的成功。时至今日，农民问题依然是突出的问题，根据最新的第六次全国人口普查结果，我国"居住在城镇的人口为 66557 万人，占总人口的 49.68%，居住在乡村的人口为 67415 万人，占 50.32%"。通过数据可以看出，农民依旧在全国总人口中占有过半的比重，所以解决好这一庞大群体的问题，也就有利于解决好其他的问题。随着社会经济的发展，农民的受教育程度逐步扩大和权利意识逐步增强以及社会利益结构的重新分化和组合，这就更加地凸显了在新时期对农民权益如何维护问题的重要性和紧迫性。

由于我国特殊国情造成农民与"城里人"相比，一直处于弱势地位，农民权益保护问题是一个非常复杂的问题。改革开放的 30 多年来，我国农业有了很大发展，农村有了很大变化，农民的社会地位也有了很大提高。当前，党和政府高度重视农民问题，把农民问题作为社会建设的根本问题来看待，制定了一系列以增加农民收入、改善农民生活条件、提高农民社会地位等为根本出发点和落脚点的农村政策，取得了很大的成绩。但是也应注意，在社会地位、经济收入、利益保护、社会竞争力、就业和社会保障等方面，农民的权益仍然没有得到充分有效的保护，仍存在以下方面的问题：一是农民的选举权、受教育权、身份平等权等最普遍的社会权利未得到应有的重视。具体而言，在户籍身份上，农民进城打工受到各方面的不平等待遇；在选举权和受教育权上，我国广大农民及其子女并不能充分享有和城市居民同等的权利。二是农民的最基本的人身权利和财产权利，特别是农民的土地承包经营权得不到有效保护。长期以来，户籍制度及城乡二元结构客观上造成了我国城市居民与农民身份上的差异，这使农民利益得不到充分有效的保护。财产权是公民最为基本的权利。对于广大农民来说，显而易见，土地可以说几乎就是他们谋生的唯一手段。然而，现实生活中，一些地方政府非法、强行征用土地的现象极大地损害了农民的权益。三是在社会保障上，我国现行的社会保障体系、社会再分配政策基本上没有惠及农民，农民几乎不能享受国家给予城镇居民那样全方位的保障。

2.4　我国乡村旅游开发涉及的农民权益的主要内容

乡村旅游开中涉及的农民的政治、经济和社会权益是一个体系，不能分割。但根据现场调查访谈，农民普遍对土地财产权益、旅游收入及其他经济权益最为看重。从理论上讲，经济基础决定上层建筑，农民的经济地位决定农民其他方面的地位，也就是说农民的经济权利是核心权利，是其他权利的基础。而政治是经济的集中表现，政治权利是经济利益的根本保障，一个政治权利没有保障的社会阶层，其经济利益不会安全。另外，农民对于土地流转收益及流转后社会保障、就业及乡村旅游开发后的农村环境的变化也很关注。因此，本书在农民权益状况研究中，着重围绕农民的土地权益、决策参与权、社会保障权、平等就业权和环境权旅游收入权益、农民的决策参与环境权益进行研究。

2.4.1　决策参与权

农民政治权益是农民权益的重要组成部分。我国《宪法》规定："中华人民共和国的一切权力属于人民，人民行使国家权力的机关是全国人民代表大会和地方各级人民代表大会。人民依照法律规定，通过各种途径和形式，管理国家事务，管理经济和文化事业，管理社会事务。"农民作为国家公民，也具备合法的政治权益，主要体现在参与各级人民代表大会。除参加人民代表大会，参与村民自治也是农民政治权益的一种体现，农民有参与管理和决策村集体事务的权益。在乡村旅游开发中农民决策参与权主要应体现在两个环节，即开发程序启动之前和开发过程中。尤其在乡村旅游开发程序启动前，当地农民的决参与策权应体现在民事前置程序中，而在开发中失地农民的决策参与权应当体现为知情权、开发方案的参与决定权以及收入分配方案制定的参与权等方面。

对于乡村旅游开发的相关事宜，农民有决策参与的权利，只有这样才能够了解自身的权益保护现状，决策参与是保护自身合法权益的前提，属于保障性权利；在乡村旅游开发的过程中，由于利益的博弈，难免产生危害农民权益的状况，农民有主张自己合法权益的权利，决策参与权是农民保护自身合法权益的基础和依据。在具体的法条中也可以找到法律规定来衬托出农民在乡村旅游开发中的这些参与权，例如，《中华人民共和国农业法》第七十三条规定："农村集体经济组织和村民委员会对涉及农民利益的重要事项，应当向农民公开，并定期公布财务账目，接受农民的监督。"第七十八条规定："违反法律规定，侵犯农民权益的，农民或者农业生产经营组织可以依法申请行政复议或者向人民法院提起诉讼，有关人民政府及其有关部门或者人民法院应当依法受理。"《中华人民共和国土地管理法》第四十八条规定："征地补偿安置方案确定后，有关地方人民政府应当公告，并听取被征地的农村集体经济组织和农民的意见。"第四十九条规定："被征地的农村集体经济组织应当将征收土地的补偿费用的收支状况向本集体经济组织的成员公布，接受监督。禁止侵占、挪用被征用土地单位的征地补偿费用和其他有关费用。"

2.4.2 土地权益

农村集体土地是乡村旅游发展的重要载体，也是农民"安身立命之本",乡村旅游的快速发展必然带来旅游用地需求的急剧膨胀,有关土地的矛盾日益突出。如何在获取乡村旅游用地的同时,合理保障农民土地权益,是促进乡村旅游可持续发展和维护农村社会稳定的关键。所谓农村集体土地是一个相对模糊的概念,目前还没有确切的含义,而且不同法律之间的界定也有出入。按土地用途,可以将农村集体土地分为两类,即农用地和非农用地。农用地指直接用于农业生产的土地,主要是指农民承包地;非农用地指农村建设用地与未利用地,主要包括宅基地、乡镇村企业用地、乡镇村公共设施用地与乡镇村公益事业用地四类。在农村集体土地中与农民切身利益最相关的是农民承包地和宅基地。由于在我国特殊国情和制度背景下,农村集体土地体现的不仅是生产建设功能,还承担着农民长期赖以生存的保障功能。而在乡村旅游用地开发后,如何使农村集体用地承载功能得以存续,是保障农民的土地权益的关键,也就是说农村集体用地转化为乡村旅游用地的同时,必须解决好农民的居住、收益、保障、就业等问题。

2008 年 10 月《中共中央关于推进农村改革发展若干重大问题的决定》(以下简称《决定》)规定:"按照依法自愿有偿原则,允许农民以转包、出租、互换、转让、股份合作等形式流转土地承包经营权,发展多种形式的适度规模经营。有条件的地方可以发展专业大户、家庭农场、农民专业合作社等规模经营主体。土地承包经营权流转,不得改变土地集体所有性质,不得改变土地用途,不得损害农民土地承包权益。""依法征收农村集体土地,按照同地同价原则及时足额给农村集体组织和农民合理补偿,解决好被征地农民就业、住房、社会保障。在土地利用规划确定的城镇建设用地范围外,经批准占用农村集体土地建设非公益性项目,允许农民依法通过多种方式参与开发经营并保障农民合法权益。"因此,目前农村集体用地转化为乡村旅游用地主要有以下两种方式:一是通过征收,将集体性质的农用地转变为国土性质,再按照《招标拍卖挂牌出让国有土地使用规定》中规定以招标、拍卖或者挂牌方式出让。二是在不改变集体土地性质的前提下,采用多种方式进行农用地使用流转,包括农民承包经营权的流转和宅基地的流转。其中乡村旅游非建设用地主要通过农民承包经营权的流转,比如一个村组的农民部分或者集体联合起来，通过转包、出租、互换、转让、股份合作等多种形式流转土地承包经营权，实现土地集约化、规模化经营，为乡村旅游发展提供产业背景支撑。而乡村旅游建设用地获取的主要途径有：一是宅基地的流转，通过集中安置农户，整理出部分宅基地，流转为旅游配套服务设施用地；二是集体土地征收，即国家为了公共利益的需要强制将农村集体建设用地收归国有并给与一定经济补偿。在土地征收过程中，开发商只需按照当时土地协议价一次性支付使用费用，然后就与村集体和农户个体没有任何联系，农户很难享受到土地增值利益和旅游开发成果。而且目前我国的征收补偿存在诸多问题，致使农民的土地权益严重受损。如补偿标准按原用途进行补偿，不能体现土地的潜在价值；补偿的内容缺少拆分损失残留地与相邻土地损害赔偿；征地补偿制度中并无任何关于被征地农民就业方面的规定；社会保障方面，尽管《中华人民共和国物权法》第四十二条作了相关规定：征收集体所有的土地，应当依法足额支付土地补偿费、安置补助费、地上附着物和青苗的补偿费等费用，安排被征地农民的社会保障费用，保障被征地农民的生活，维护被征地农民的合法权益。但这一规定显得较为笼统，执行起来弹性较大，被征地农民利益难以得到很好的维护，农村集体土地原本承载的功能没有得能够得到合理的存续或者代替。

2.4.3 社会保障权

农民作为在农村地区居住的以农业经营为主的社会群体，是社会成员的重要组成部分。因而，与其他社会群体一样，农民理应享有社会保障权。所谓农民社会保障权是指在农村地区居住的以农业经营为主的社会成员在面临妨碍其正常生存的社会风险时，从国家和社会获得物质保障和社会服务，使之维持生存并达到相当水准的生活的权利。

在已建立起现代社会保障制度的西方国家，从事独立经营的农民与具有雇佣关系的工人和职员一样，能够享受到所有社会保险的保护。而在我国，由于受经济发展水平以及历史文化传统的限制，农民社会保障与城市社会保障相比，不仅建立得比较晚，而且项目不全，保障水平也偏低，农民长期依赖农村土地的保障功能得以生存。从理论上讲，土地是一项重要的生产要素，依据市场信号进行最优配置而参与生产经营，体现的是生产功能；而农民的生存、就业、养老等保障问题是依靠建立社会保障制度来解决，社会保障由社会来承担，农民的生产和社会保障是相互独立的。但在农村社会保障制度缺位的情况下，以土地为核心的家庭保障承担着农民的大部分保障项目。但在乡村旅游开发过程中，土地流转成为必然，在农村正规社会保障不健全的情况下，土地流转后如何确保农民的社会保障权益得以实现是乡村旅游开发过程中要解决的难题之一，关乎农村社会稳定与乡村旅游的可持续发展。

2.4.4　平等就业权

平等就业权，指劳动者平等地获得就业机会的权利，即在就业机会的获得方面，劳动者不因性别、年龄、种族等人的自然差别而受歧视，就业机会面前一律平等。由于乡村旅游的开发，开发地的农民一般有两种被安置的方式，一种是将农民推向城市，给予相应的征收补偿之后，这样便将失去耕地的农民推入了平等竞争的就业人才市场，而由于农民自身全面素质的不足，农民往往难以靠就业维持生活水平；另一种是农民不离开农村，而在开发地里或外换得新的宅基地以及补偿费继续生活。在乡村旅游发展初期，乡村旅游的开发带来了许多的就业岗位，这是不争的事实，这样的模式确实能够给农户带来实惠，但随着旅游的产业化发展，旅游区管理的规范，这些维持生计的方式渐渐不再适用。农户在资金、文化、技能等方面的劣势，使得他们在丧失利用当地自然资源和土地的权利后，就业机会无法得到保证，将他们推向需要平等竞争而且是竞争非常激烈的人才市场，在平等的机会下，显然很难同受过高等教育和职业技能培养的城市居民相竞争，即使是对农民利益有所考虑的乡村旅游项目，通过协议提供给当地农民的就业机会亦会偏低。在已吸纳的就业者中，大多也只能从事诸如森林保护、垃圾收集、卫生清洁等低端而且是无保障的工作。旅游发展带来的大量高端高收入的就业机会，往往会被旅游区外部文化素质较高者所占据。这样一来，乡村旅游开发所带来的大量就业机会并未能实质性地解决失地农民的生计问题。

因此，解决乡村旅游开发中的农民就业问题，必须提供给农民平等就业的权利，这里所说的平等，甚至是带有偏向性的关注农民就业问题前提下的平等。唯有在合理适宜的就业安置下，才能够令当地农民维持以前的生活水平，而且是长期地维持下去，不仅是对农民权益的保护，更是对社会和谐稳定的保护。

2.4.5　环境权益

乡村旅游开发实质上是一个破而立的过程。具体而言，要想开发乡村旅游从而获得经济利益，必须要先做出破坏性的行为，这里的破坏并不是狭义上的贬义概念，从长远来看，破坏是我们获得利益的第一步和前提条件，将破坏和收获进行经济效益上的比较，似乎可以不去考虑破坏所带来的经济损失。但是从社会效益来看，尤其是从环境的角度而言，由于开发的过程是一个从破坏到建立的工程学动态流程，其中产生的大量有害物质和能量正是对原有环境产生冲击和损害的关键因素。而且乡村旅游的开发作为一个系统工程，外来的各种因素非常复杂，致使农民的生活安宁受到威胁，所以农民的环境权益在一个无妥善治理和严格规划的乡村旅游开发过程中可能会受到很大的损害。农民环境权的内涵就在于环境法律关系主体（农民）就其赖以生存、发展的环境所享有的基本权利。所以我们有理由研究和保护乡村旅游开发中的农民环境权益。

作为环境保护的指导性法律，《中华人民共和国环境保护法》第一条规定："为保护和改善生活环境与生态环境，防治污染和其他公害，保障人体健康，促进社会主义现代化建设的发展，制定本法"；第二条规定："本法所称环境，是指影响人类生存和发展的各种天然的和经过人工改造的自然因素的总体，包括大气、水、海洋、土地、矿藏、森林、草原、野生生物、自然遗迹、人文遗迹、自然保护区、风景名胜区、城市和乡村等";第六条规定:"一切单位和个人都有保护环境的义务,并有权对污染和破坏环境的单位和个人进行检举和控告";第十六条规定:"地方各级人民政府,应当对本辖区的环境质量负责,采取措施改善环境质量";第十九条规定:"开发利用自然资源,必须采取措施保护生态环境"。从这些法条可以看出,国家在大力发展经济的同时是注重环境保护的,不仅仅是城市环境,农村环境一样有所提及,虽然从篇幅上看农村环境的重要性并不如城市环境那样显要,但是至少我们有法可依,乡村旅游开发中的农民环境权是应当受到保护的。

乡村旅游开发中的环境权并不是单纯地指向生态环境,而且包括了日常生活不受侵扰的安宁权。安宁权体现在法律法规上的依据主要就是相邻权。相邻权指不动产的所有人或使用人在处理相邻关系时所享有的权利。从实质上来说,相邻权不仅仅是对于所有权的合法延伸,更是对于所有权的合法限制。在相邻不动产的所有人或是使用人之间,由于地理地势等因素,导致一方不能尽享其对于不动产的所有权或使用权,此时这一方就有了向相邻方要求提供便利或者接受限制的权利。同时,不动产的所有人或使用人在行使自己对于不动产的各项权利的时候,应当以不损害其他相邻人的合法权益为原则。如果因权利的行使,给相邻人的人身或财产造成危害的,相邻人有权要求停止侵害、消除危险和赔偿损失。在处理相邻关系时,相邻各方应该本着有利生产、方便生活、团结互助、公平合理的原则,互谅互让,协商解决。协商不成,可以请求人民法院依法解决。

3

乡村旅游开发中农民权益
保障的理论与借鉴

3.1　旅游可持续发展理论

3.1.1　可持续发展

可持续发展理论由环境问题而产生，最早由 1972 年斯德哥尔摩世界环境大会提出。1987 年世界环境与发展委员会发布的长篇报告《我们共同的未来》中，提出了"既满足当代人的需要，又不对后代人满足他们需要的能力构成危害的发展，就是可持续发展"。1989 年 5 月联合国环境署第 15 届理事会《环境署第 15 届理事会关于"可持续发展"的声明》明确提出：可持续发展，指既满足当前的需要又不削弱子孙后代满足需要能力的发展，并且含义中绝对不包括侵犯国家主权。可持续发展还意味着合理维护、使用并提高自然资源的基础，这种基础会对生态抗压力和经济增长起到强大的支撑力。在《世界无末日》一书中，英国环境经济学家沃福德和皮尔斯用经济学语言提出了表达可持续发展的定义："当发展能够保证当代人福利增加的同时，也不应该造成后代人福利的减少。"综上所述，可持续发展理论把握了我们当代社会的共同问题即"环境"和"贫困",它既要达到经济发展的目标,又要保护我们赖以生存的环境,以不损害后人利益的前提下合理利用我们的自然环境,满足当代人的需要。

首先是生态环境的可持续发展,即保护和加强环境系统的生产和更新能力,维持生态系统的涵容能力,做到"零排放"。其次是改善人类的生活品质使人类在其经济、文化、人口素质的增长上得到良好的发展。最后是自然和人类的相互协调发展,有限的自然资源和人类不断增长的需求成了当今社会最大的矛盾,在环境问题没有受到重视之前,人类出于生存和发展的目的,以自己的意志随意改变着大自然,最终造成环境的破坏,从而产生连锁的反应,这个连锁反应对人类的经济、社会和生存环境造成了威胁,因此人和自然的协调可持续发展成了可持续发展理论的重要方面。

3.1.2 可持续发展视角的生态循环与经济循环

(1) 可持续发展视角的生态循环

一个物种在一定空间范围内的所有个体的总和在生态学里称为种群,所有不同种的生物的总和为群落,生物群落连同其所在的物理环境共同构成生态系统。生态系统通过物质循环和能量流动,进行着有序转换和无限循环,把系统内的各个组成部分紧密结合为一个有机整体,并成为系统自身运动、变化和发展的动力。发展指产出数量的增长和产出结构的优化(其标准的标准是促进社会的进步)。可持续发展,即这种产出状态并非一次或一段时期,而是一个连续的,且能够一直持续下去。所以,从可持续发展角度观察生态循环,或者说要求生态循环在满足生态平衡的前提下还需要满足产出持续增长,这对生态循环提出了更高的要求,或者说生态平衡的难度加大。与纯自然状态的生态循环相比较,可持续发展视角的生态循环被赋予了特殊的性质。

①可持续发展视角的生态循环所依存的是"人 + 环境"生态系统。从

可持续发展角度观察的生态循环所依存的是"人 + 环境"生态系统,研究和改造的基本原则是有利于和服务于人类利益,当然这种利益应该是当前利益和长远利益相结合。

②人类行为的主动性,对生态系统结构的影响幅度变大,从而循环中实现平衡的难度增加。人类行为具有主动性,当生态系统的现有结构不足以满足人类的需求时,人类将能够以其主动性行为改变生态系统的结构,这种改变可能会导致原有生态平衡遭到破坏。所以由于人的主动性行为,使其实现平衡难度的增加。

③人类行为的创造性,使生态循环恢复平衡状态的可能性增强。人类以其特有的创造性,可以通过对物质环境以及生产者、其他消费者和分解者的数量和结构的改变重新恢复生态系统的平衡状态。这也就为可持续发展提供了可能。

④可持续发展对生态循环提出更高的要求。发展要求生态系统也不能停留在原有结构的简单循环,而是要在保持动态平衡的基础上规模不断变大和结构不断优化。因此,可持续发展对生态系统提出了更高的要求。

可持续发展视角的生态循环,超越了简单的自然生态循环。从可持续发展角度研究生态循环,不是要求我们回归自然的生态循环,而是要求我们以生态循环的内在机理为基础,在人类行为深刻影响生态系统的前提下,研究怎样通过各种途径实现生态系统的动态平衡,即以满足人类不断增长的需求为目的,通过保持物理环境、生产者、其他消费者、人类和分解者结构和数量相协调,达到人类生存和发展的可持续性。

(2) 可持续发展视角的经济循环

所谓经济循环是指由于人类需求的持续性,人类的经济活动也必须持续进行。经济活动的持续进行,也就是经济系统的持续运转。根据经济系统的结构,经济循环是各种投入要素依次经过生产、分配、交换和消费等环节,并不断循环的过程,其不断地循环以消费为拉动力,以生产为推动力。经济循环的机理包括以下两个方面。

①经济循环的内容是各种生产要素。包括劳动、劳动资料和劳动对象，这些要素的质和量决定了生产的产品的质和量。

②经济循环的形式是生产要素依次循环通过四个过程：生产过程、分配、交易、消费。

经济循环是以满足人类需求为目的，以生产要素为内容，按照市场主体经济利益最大化的准则，通过生产、分配、交换和消费等过程的不断循环而形成的有机系统。一定质和量的生产要素和相互协调的经济过程是经济循环的基本条件。可持续发展视角的经济循环，就是增长性经济循环具有可持续性，这必然对经济增长的条件提出了更严格的要求：或者投入的持续增长，或者技术持续的进步，或者制度持续创新。

（3）经济循环与生态循环的协调

生态循环是生物人赖以存在的基础，经济循环是社会人赖以存在的基础。人首先是生物人，然后再才是社会人，而社会人体现了人的本质。经济循环中的生产要素最终都是来自于生态系统，这必然产生经济循环与生态循环协调的问题。

生态循环与经济循环两者的协调关键在于人类自身，而两种循环不协调的根源在于两者的对立性，即两者遵循不同的规律：生态循环主要遵循机械、物理、化学和生物等自然运动规律，而经济循环的最重要的规律就是经济利益最大化规律，即 max（收入－成本），也就是说，在生产、分配、交易和消费各个环节，人们都会去衡量每个行为的收入和成本。两者所遵循规律的差异，导致这样的可能：符合经济利益大化的行为不利于生态循环的平衡，或者有利于生态循环平衡的行为，却不符合经济利益最大化。而事实上，这种冲突是普遍和主要的，因为当人被动适应生态系统时（即不存在经济系统），人的行为不可能破坏生态系统的平衡，而当人主动改造生态系统时（即存在经济系统），人的行为才可能破坏生态系统的平衡。这就是两者协调的障碍。

人类所赖以生存的是生态系统和经济系统两者共同的循环，而不能只是其一，这就要求可能存在冲突的经济循环和生态循环相协调。生态系统的可塑性和动态性，经济系统的人为性，以及人的主动性和创造性为两者的协调提供了可能，两者的统一性是两者协调的基础。生态循环是经济循环的基础，经济循环是对生态循环的人为改造，要使两者协调，关键就在于经济循环对生态循环的改造必须在生态循环能够实现平衡这一大前提下，也就是要求经济规律的运用不能违背生态循环的规律，就是经济循环和生态循环相协调的路径。

3.1.3 旅游可持续发展

世界旅游组织、环境计划署和联合国教科文组织，在 1995 年召开的"可持续旅游发展世界大会"上，非常明确地提出了可持续发展理论的方法和思想在各地自然旅游资源的保护、开发以及规划中的重要意义，明确规定各地制定旅游规划应该采取哪些行之有效的手段和措施。地球理事会、世界旅游组织和世界旅游理事会，在 1997 年共同颁布了《关于旅游业的 21 世纪议程——实现与环境相适应的可持续发展》中，明确提出了要把社区、乡村居民纳入关心对象，同时把社区、乡村居民的参与，作为旅游可持续发展的一项重要任务。

旅游产业最开始被认为是无污染的产业，可是随着旅游经济的不断、迅速发展，各国在旅游开发方面造成的能源危机以及环境恶化达到了前所未有的程度，不得不引起世人的警诫。目前，国内外许多学者和专家，依据可持续发展理论的理念和目标，对旅游可持续发展理论的定义进行了大量深入的研究，综合国内外学者专家普遍有代表性的旅游可持续发展理论定义。一是世界旅游组织给旅游可持续发展理论的定义是，在保护当地传统文化和生态自然环境完整的同时，还必须满足人类对经济、审美和社会的基本要求，不仅为消费者服务还要为当地的社区、乡村居民提供生计，同时还要保证子孙后代的利益不受到影响，并为之提供同等的机会。二是学者专家们普遍认为旅游可持续发展理论是，"在增强和保持将来各种发展机会的时候，要同时满足旅游地村民以及现在游客的需要。"乡村旅游可持续发展模式的标准是，要尽可能地保证乡村当地各种古迹遗址的真实性以及地方特色，同时要避免过度的商业开发对环境和自然资源的破坏和污染。乡村旅游中最具有的吸引力地方，就是远离城市乡村古迹遗址的真实性和地方性。在乡村旅游可持续发展的过程中，乡村古迹遗址的地方性和真实性，在商业化旅游开发过程中，与保护乡村古迹遗址的地方性和真实性之间存在着无法调和的矛盾，各种负面影响很容易受到乡村旅游活动，那么必须要求乡村旅游各利益相关者，本着可持续发展的原则共同努力来解决。

根据自然生态环境可持续发展原则的要求，乡村旅游的可持续发展要与当地自然生态环境资源的进化过程以及生物多元化和自然生态资源的保护要保持一致。社会文化的可持续性发展原则的要求，加强和维护乡村、社区独特文化的个性，并且要与当地人们的文化和价值观相一致。经济的可持续性发展原则要求，乡村旅游经济效益取得的同时，应是以当地自然生态资源的有效管理和利用为前提条件，各种自然生态资源实现了切实可行的管理，才能够保证子孙后代的利益。

3.2 社区参与理论

3.2.1 社区

社会学者对于社区的研究，发端于滕尼斯。他对社区与社会作了系统的阐述和比较，认为社区既是社会的最简单形式，又是一种自然状态。他所分析的是传统农业社会的社区，其特征是：成员对本社区具有强烈的认同意识，他们重感情、重传统，彼此之间全面了解。滕尼斯关于社区的理论，为以后的社区研究打下了基础。

社区研究在美国早期社会学中曾占有极重要的地位。美国的芝加哥学派，就是以研究都市社区而闻名于世的。20世纪20~30年代，这个学派研究了美国大城市芝加哥的都市化过程，用以说明美国城市的结构和动态。芝加哥学派的人文区位学理论，就是在分析社区区位的基础上发展起来的。这个学派从不同的层次上研究了都市社区，即不但以整个芝加哥市作为研究对象，而且还以芝加哥市内的犹太人聚居区、波兰移民区、上层阶级邻里、贫民窟等作为单个的社区研究对象。

我国的学术研究在20世纪30年代第一次出现中文语境"社区"的词汇，源于社会学家费孝通的翻译，从根本上讲社区是一个带有明显西方语境的概念，引入我国后学者们对"社区"概念也做了了诸多研究，而且对"社区"的理解和认识都不相同。例如范国睿认为："社区是生活在一定地域内的个人或家庭，出于对政治、社会、文化、教育等目的而形成的特定范围，不同社区间的文化、生活方式也因此区别开来。"刘视湘从社区心理学的角度定义为："社区是某一地域里个体和群体的集合，其成员在生活上、心理上、文化上有一定的相互关联和共同认识。"是指有共同文化的居住于同一区域的人群。在具体指称某一人群的时候，其"共同文化"和"共同地域"两个基本属性有时会侧重于其中一点。如"和平里社区""四方社区"是侧重其共同地域属性，而"华人社区""穆斯林社区""客家社区"等则侧重其共同文化的属性。不过无论所指侧重哪边，社区一词都是强调人群内部成员之间的文化维系力和内部归属感。20世纪后期，我国有感于过去过度重视宏观经济发展忽略社区需求的情势，分别将"社区建设"或"社区营造"提升到国家政策的层面。在地方组织方面，开始在小型地缘组织中引入"社区"两字。如将原来的"居民委员会"改称为"社区居民委员会"。

一个社区至少包括以下特征：有一定的地理区域；有一定数量的人口；居民之间有共同的意识和利益，并有着较密切的社会交往。一个村落、一条街道、一个县、一个市，都是规模不等的社区。在日常生活中，人们常提及的社区往往是与个人的生活关系最密切的、有直接关系的较小型的社区，如农村的村或乡、城市的住宅小区。乡村社区中，人们从事的经济活动主要是农业。随着社会的发展，许多乡村社区也开展了戒严生产和商业活动，成为新型的"城市化"的乡村社区。因此，按照地域的不同，社区可以分为城市社区和乡村社区。按照社区功能性特征（如经济、社会和文化等）的不同可以分为经济型社区、文化型社区、旅游型社区等。本书主要研究的就是旅游社区。本书的研究涉及乡村社区和旅游社区。

3.2.2 社区参与

社区参与在西方是一个有比较严格政治学意义的概念，主要是指权力人通过序化的途径和组织，公开表达自己利益诉求的过程。20 世纪 60 年代，阿姆斯坦因（Amstein）通过研究认为社区参与是一个包含着诸多内涵的概念，有着许多原则和形式的过程，包含了从社区居民的权力到社区参与的具象操作、从决策信息共享到社区控制等，是社区的一种权力再分配。

国内学者在社区参与含义方面也进行了一些研究，刘纬华认为，"社区参与"是要尊重社区的主体地位，在旅游发展的决策和执行过程中要考虑把社区纳入体系当中。孙九霞指出社区参与是"充分考虑社区的意见和需要"，将社区作为旅游开发和参与的主体，以此来在保证社区参与下的旅游可持续发展。翁时秀、彭华通过研究指出，社区参与在"某种程度上是一种对民众进行的增权和教育的过程"。左冰通过研究指出，社区参与是社区对旅游开发过程中资源控制权的争夺过程，社区参与表现为两种不同的形式：组织化参与和非组织化个体参与。参与的动力在于个人能够在参与社区事务中获得利益。

社区参与的心理动机是公共参与精神。心理动机是参与活动的起点，是激励并维持参与行为达到一定参与目标的内在动力。公共参与精神的兴起不仅体现了居民要求自我价值的实现和自身潜能的发挥，还表明社区主体心态的发育成熟和对公共利益和公共域的自觉认同，而且是实现社区发展和培育市民社会的精神支撑。

社区参与的目标取向是社区发展和人的全面发展。社区居民通过广泛参与，促进社区的积极变革和演化，推动社区发展与社会的全面进步。社会发展的核心在于人的发展，人的全面发展是社会发展的终极目标。以人为本的发展观要求社区发展不仅要满足生活安全等需要，而且还要满足自我实现的最高需要，以实现社会的可持续发展。

3.2.3 社区参与乡村旅游

在西方旅游研究进程中，社区参与理念最初是与旅游规划相对接的。1985 年，默菲（Murphy）的《旅游：社区方法》一书引入了社区参与的概念，尝试从社区的角度研究和把握旅游，强调在旅游规划过程中应纳入当地社区居民对发展旅游的意见作为重要参考依据。之后，社区参与理论逐渐深入旅游目的地发展的各个环节，通过整合旅游地社区中各个利益相关者之间的协调运作，形成了"借助旅游业这一新兴经济模式达到社区全面发展目标而非仅仅经济增长"（Beeton，2006）的理念。1997 年，世界旅游组织、世界旅游理事会与地球理事会联合颁布了《关于旅游业的 21 世纪议程》，明确提出将居民作为旅游业发展的关怀对象之一，并把居民参与作为旅游业发展过程中的一项重要内容，突出了社区参与在旅游业发展中的重要性。社区参与是指居民参与社区公共事物与公共活动的规划、决策、执行、监督与评估等环节的过程。乡村旅游社区参与应理解为在乡村旅游发展中，社区居民通过各种方式和行为积极、主动地参与乡村旅游发展的环节和相关层面，并且在其发展中获取相应的利益，以保护当地环境和维护传统社会文化，促使旅游地及其旅游业的可持续发展。乡村旅游社区参与的核心体现在参与内容和参与目的两方面：居民获得参与社区旅游发展决策的权利和公平获得旅游收益的机会。乡村旅游社区参与是体现社区因素和居民意志的有效机制，包括了旅游规划、旅游经济活动、环境保护以及社会文化维护等多方面内容，它更强调把社区作为旅游规划和管理的核心，是一种新型的旅游发展模式和开发理念。

旅游的发展涉及到多个利益群体，相对而言，旅游区内部或周边的社区居民是与旅游区距离最近的社区群体，空间上的紧密性使得社区居民成为与旅游区接触最频繁的对象，同时，许多旅游区的旅游资源都是由当地居民经过长期的劳动并结合实地条件创造而成的。因此,乡村旅游的健康发展,绝对离不开社区居民的支持和参与。就我国目前乡村旅游发展状况而言,正在兴起且逐步向乡村旅游热转化,面临着巨大的创新压力,即如何通过社区参与乡村旅游的发展,使乡村旅游产品实现从起步阶段的初级农家乐向发展阶段的中级和成熟阶段的高级农家乐转型,通过深度挖掘乡村民俗、乡村文化、农耕体验及乡村生态旅游,让都市旅游者获得深度体验,是未来乡村旅游产品创新最宝贵、最具有吸引力的源泉所在。此外,之前的大部分乡村旅游规划往往既忽略了居民利益,也忽略了乡村环境的可持续性,居民矛盾心理比较突出。因此,社区参与乡村旅游发展就显得非常必要,这样既能使社区居民从中获得经济利益,提高生活水平,还能维持乡村及旅游业的可持续发展。

鉴于我国社区特有的政治含义和我国旅游发展的政府主导作用,在谈及我们的乡村旅游社区参与时,至少隐含了两个方面的过程:一是社区作为一个整体,在旅游开发中同外来力量(政府、资本和专家等)的博弈过程中,如何获取"社区自我决定命运"的权力;二是在社区内部,缺乏现代公民意识和民主决策程序的前提下,如何保证"居民自我决定命运"的权力。即社区参与的重点在如何通过制度设计保证"社区自我决定"和"居民自我决定",如何保证参与决策、管理和分配过程。因此本书的研究着重考察社区在旅游发展决策、旅游开发管理和旅游利益分享使用等方面发挥的作用,并以此来分析识别社区在参与乡村旅游发展过程中可能会碰到的障碍。

3.3　利益相关者理论

3.3.1　利益相关者理论基础

(1) 利益相关者的提出

利益相关者理论(stakeholder theory)是 20 世纪 60 年代左右,在美国、英国等长期奉行外部控制型公司治理模式的国家中逐步发展起来的，其影响日渐扩大。与传统的股东至上主义的主要区别在于，该理论认为任何一个公司的发展都离不开各种利益相关者的投入或参与，比如股东、债权人、雇员、消费者、供应商等。从这个意义上讲，企业可看作"一种治理和管理专业化投资的制度安排"（Blair，1995），它理所当然地要为利益相关者服务，而股东只是其中之一罢了。进入 80 年代以后其影响迅速扩大，并开始影响英、美等国公司治理模式的选择，促进了企业管理方式的转变（张立君，2002；陈昆玉，2002；贾生华、陈宏辉，2002）。

在 20 世纪 60~70 年代，新古典主义经济学将企业看成是一个投入—产出转换的"黑箱"的思想受到了猛烈的批判，进而涌现出研究企业理论的大量文献。这些文献大多以交易费用、委托—代理、不完全契约、信息不对称等概念为核心而展开，形成了所谓的主流企业理论。这一理论的基本观点是，股东作为剩余风险的承担者，享有法律上所赋予的对公司的所有权和控制权。伯利和米恩斯对美国最大的 200 家公司进行分析后指出，大公司的股票由如此之众多的股东所拥有，以至于没有任何一个股东能拥有其中一家公司足够多的发行在外的股票（Berle & Means，1932）。因此，现代公司发展的结果是，财富的所有者并没有全部的控制权，而控制企业的人也没有全部的所有权。在这一背景下，公司股东往往要把公司的控制权委托给管理者。作为代理人的管理者，被要求对作为委托人的股东负有法律上的信托责任，即管理者的行为要从股东的最大化利益出发，股东利益优于其他人的利益。

主流企业理论的迅速进展帮助我们透视了企业"黑箱"中的神秘内容，使我们对企业有了进一步的深刻认识。然而，各种主流企业理论并没有充足的理由证明，企业的所有权（以企业的剩余索取权和剩余控制权来表示）应该全部归企业的股东所有；他们提出的"股东至上"和"资本雇佣劳动"的命题也存在诸多缺陷和漏洞，"股东利益至上"绝非放之四海皆准的理论。从 20 世纪 90 年代初开始，"股东至上"理论正式受到了利益相关者理论的强烈挑战（沈艺峰、林志扬，2001）。

利益相关者理论正式提出来后，得到了众多学科，如管理学、企业伦理学、法学和社会学等学者的关注，并在理论研究和实证检验方面取得很大发展。经济学家迪尔（Dill，1975）曾经这样描述利益相关者理论的影响："我们原本只是认为利益相关者的观点会作为外因影响公司的战略决策和管理过程……但变化已经表明我们今天正从利益相关者影响（stakeholder influence）迈向利益相关者参与（stakeholder participation）"。美、英、日、德、欧共体及一些发展中国家都已开始在立法和判例上考虑利益相关者问题（Donaldson & Preston，1995）。我国《上市公司治理准则》第六章"利益相关者"的第八十一条规定："上市公司应尊重银行及其他债权人、职工、消费者、供应商、社区等利益相关者的合法权利。"这说明利益相关者理论正日益受到理论界和社会的重视和认可。

（2）利益相关者理论的实质

从利益相关者理论的起源与发展的背景可以看出，利益相关者理论绝不是某些学者凭空臆造出来的，它既有深刻的理论背景，又有解决企业遇到的实践难题的现实需要。从历史与逻辑相统一的角度来看，利益相关者理论的产生与发展是必然的。在古典企业占统治地位的时代，对于像"谁是企业的主人"这样的问题似乎是毋庸置疑的。企业的出资人就是企业的合法所有者和企业的权利主体，企业的全部经济活动所遵循的是出资人的意志，服务于出资人的利益。自资本主义制度产生以来，从私有财产神圣不可侵犯到股东主权，一直都被视为市场经济的"金科玉律"。在当时的理论研究中，古典经济学和新古典经济学都把"股东利益最大化"作为一个基本的经济学预设，而将利益相关者的利益置于讨论范围之外，最多只是将其视作企业实现股东利益最大化的要素和条件而加以分析。20世纪80年代以后，传统观念中的"股东至上"的逻辑受到了来自理论和实践两方面的严重挑战，企业的所有权安排成了摆在经济学家、法学家面前的理论难题。现在，人们已经越来越清楚地认识到，企业实际上是一个"状态依存"的经济存在物，是一个以所有权为中心的社会关系的集合。企业剩余权的拥有者不断向外扩展，已从昔日的股东逐渐扩展到其他的利益相关者，包括管理者、工人、客户、供应商、银行、社区等（宋瑞卿，2001）。

新的企业剩余权观念，一方面是对企业内部股权结构的多元化和两权分离的变化情形的适应；另一方面也是对企业的其他参与主体的平等权利的承认。其实，经理、雇员、顾客、供应商乃至企业所处的社区，都是一些与企业实体存在着密切关联的利益和权利主体。在与企业的关系上，他们与股东并无本质上的区别。这一新的认识对现代公司治理产生了深刻的影响，在许多重新构架的公司治理安排中，已经开始包括了利益相关者，并把承担社会责任、满足所有者和利益相关者的利益作为企业重要的目标（李维安，2002）。

利益相关者理论产生的背景实际上是由于企业发展受到多方（利益相关者）影响的现实，在理论界和企业界，不得不放弃原有的股东之上的理念，而兼顾和协调多方利益。利益相关者，从本质上讲，就是由于某种结果涉及到多个行为主体的利益，这些行为主体将通过自己的行为来影响这种结果的发生，从而可能由于各行为主体的不同行为及其组合，而产生不同的结果，对这些行为主体，我们就称之为利益相关者。

从中我们可以看出，构成利益相关者需要同时满足两个基本条件。

①某种结果会涉及多个行为主体的利益。比如企业，企业经营的结果，会涉及股东、管理人员、普通员工、政府部门、消费者等的利益。

②行为主体能够通过自己的行为影响结果的发生。

按照经济学原理，如果没有利益，行为主体就不会主动去影响结果的发生；同时，如果行为不能影响结果发生，这一主体的行为就没有研究的意义，所以两个条件必须同时具备。

利益相关者可以用下面的一组函数来表示：

$A = f_1(y, r_1)$；$B = f_2(y, r_2)$；$C = f_3(y, r_3)$；……

$y = g(a, b, c, \cdots)$

A、B、C 等表示各行为主体，a、b、c 等分别表示 A、B、C 等的行为；y 表示某种结果；$r_i(i = 1、2、3\cdots)$ 表示其他影响因素。

这里我们就称之为 A、B、C 等为利益相关者。

根据上面的分析，对乡村旅游开发中农民权益的保障问题的研究，完全可以借鉴利益相关者理论，因为：①乡村旅游开发是一种会影响到许多行为主体的结果，比如农户、政府、旅游企业、村自治组织、村干部等；②这些行为主体可以通过其不同的行为影响乡村旅游的发展及开发过程中农民权益保障问题。因此，借鉴利益相关者理论研究乡村旅游开发中农民权益的保障问题是可行的。

（3）利益相关者理论的基本框架与借鉴

①治理结构与绩效的关系。利益相关者理论的落脚点是企业的绩效，这一绩效是各行为主体行为相互作用的结果，这些行为的一个重要特征就是相互制约，也就是存在着决策权的分配问题。治理结构，从本质上就是决策权的分配问题。决策权（包括直接决策权和间接决策权，间接决策权可以看作一种影响力）在本质上等同于剩余索取权和剩余控制权，而剩余控制权又取决于各利益相关者所拥有资源的边际生产力，边际生产力又由资源的相对稀缺程度决定。由此，在利益相关者理论中存在着这样的逻辑关系：

资源的稀缺性→边际生产力→剩余控制权→决策权→行为→绩效

这样我们就可以通过研究各行为主体所拥有资源的稀缺性来分析决策权的分配，从而分析导致绩效的各种行为。这里需要注意的是，绩效本身是一个比较复杂的概念，包括个体绩效、群体绩效和社会绩效。一般的选择应是，在不损害他人绩效的情况下，可追求个人绩效的最大化，在不损害社会绩效的情况下，追求群体绩效最大化。决策权的不同分配情况，觉得了不同的行为组合，从而有不同的绩效，而不同的绩效又会反过来调整决策权的分配。所以决策权的分配问题，即治理结构与绩效之间存在紧密而复杂的关系，也成了利益相关者理论中的一个重要研究问题。

借鉴利益相关者理论研究乡村旅游开发中的农民权益保障问题，就是把乡村旅游的可持续发展与农村的权益保障作为绩效，并从其利益相关者的行为分析入手，以探索利益相关者之间的决策权、利益分配等方面之间的关系。

②为什么要兼顾和如何兼顾的问题。决策权的分配、利益的分配、行为和绩效，是利益相关者治理的内在逻辑。如果决策权的分配，导致利益分配的失衡，从而必然影响到利益相关者的行为，从而损害群体或社会的绩效。所以在利益相关者理论中，一个最重要的规范思想就是，在利益的分配中必须兼顾各利益相关者的利益，从而一个重要的规范研究内容就是如何兼顾各利益相关者的利益，以达到群体绩效或社会绩效的最优。

借鉴这一思路研究乡村旅游开发中的农民权益保障问题，就是把乡村旅游开发中农民权益的合理保障作为绩效，探索如何通过兼顾各利益相关者的利益，从而实现可持续发展。

③基于利益相关者相互关系的行为分析。利益相关者理论中最复杂的问题就是利益相关者之间是如何博弈的。由于利益相关者的类型复杂和数量大，从决策权的分配到具体行为的产生，从行为的产生到绩效的产生，再从绩效的产生反馈到决策权分配的调整，这些具体过程和机理是异常复杂的。其中的关键在于利益相关者行为产生的原因，从最宏观的层面上分析，这些原因包括自然环境、追求最大化的经济属性、基于复杂社会环境的社会学属性和基于人作为特殊生物的心理学属性。单纯的自然环境，或经济属性，或心理学属性对行为的影响的方式和机理并不复杂，但由于社会环境（从利益相关者理论的角度讲，主要是利益相关者之间的相互关系）对行为影响的方式和机理非常复杂，并且另外三种因素与社会环境因素是结合在一起的（以社会环境作为基础，自然环境、经济属性和心理学属性对行为影响的方式和表现形式将发生改变），这就使得基于利益相关者相互关系的行为的原因变得异常复杂。一般的分析方法是两步走：首先从四个方面分别分析，然后以社会学属性为基础结合其他三个要素进行综合分析。

行为分析是利益相关者理论的关键环节：行为是在特定决策权分配的情况下，基于四大影响因素而产生的，同时行为是产生绩效的直接原因。改变绩效，就需要改变行为，要改变行为，就要改变影响因素，并对决策权的分配进行调整。

借鉴这一思路研究乡村旅游开发中的农民权益保障问题，就是要通过具体分析乡村旅游开发中农民权益的各种影响因素和决策权、经济利益的分配情况，来研究其利益相关者行为的原因，从而找到改善不利于乡村旅游可持续发展、不利用农民权益保障的行为的方法。

3.3.2 乡村旅游发展的利益相关者界定

（1）利益相关者的界定方法

利益相关者理论在其发展过程中遇到的最基本的问题是，怎样界定究竟谁是企业的利益相关者。不弄清楚谁可以算作利益相关者，要为利益相关者做"正确的事"就非常成问题了（多纳德逊、邓非，2001）。如果利益相关者本身都界定不清，那么利益相关者理论也就无从谈起了。

西方学者发现，将给出的利益相关者定义直接进行推广应用几乎寸步难行，造成的结果常常是把具有极不相同的要求和目标的群体混杂在一起所以，界定了利益相关者之后，人们必须选取一定的依据对其进行分类。

从 20 世纪 80 年代到 90 年代，利益相关者分类问题有了很多新的成果，古德帕斯特（Goodpaster）提出的"多维基准法"（multifiduciary approach）逐渐成为利益相关者分类中最常用的分析工具。弗里曼（Freeman）从所有权（ownership）、经济依赖性（economic dependence）和社会利益（social interest）三个不同的角度对利益相关者进行了分类；弗雷德里克（Frederick）根据利益相关者对企业的影响程度，将利益相关者分成了直接利益相关者（direct interest groups）和间接利益相关者（indirect interest groups）；查克汉姆（Charkham）按照相关群体与企业是否存在交易性的合同关系，将利益相关者分为契约型利益相关者（contractual stakeholders）和公众型的利益相关者（community stakeholders）；1994 年有研究小组在"第二届多伦多利益相关者理论大会"上提出按照"核心""战略""环境"来对企业利益相关者进行分类。克拉克森（Clarkson）提出了两种有代表性的分类方法：①根据相关群体在企业经营活动中承担的风险的种类，可以将利益相关者分为自愿的利益相关者（voluntary stakeholders）和非自愿的利益相关者（involuntary stakeholders）。②根据相关群体与企业联系的紧密性，可以将利益相关者分为首要的利益相关者（primary stakeholders）和次要的利益相关者（secondary stakeholders）。威勒（Wheeler）将所有的利益相关者分为首要的社会性利益相关者、次要的社会性利益相关者、首要的非社会性利益相关者、次要的非社会性利益相关者。

20 世纪 90 年代后期，美国学者米切尔和伍德（Mitchell & Wood，1997）提出了一种评分法（score-based approach）来对利益相关者进行分类，受到了学术界和企业界的普遍推崇，这三个属性是：合法性（legitimacy）、权力性（power）、紧急性（emergency）。根据这三个属性，米切尔和伍德把利益相关者分为确定型利益相关者（definitive stakeholders），预期型利益相关者（expectant stakeholders）和潜在的利益相关者（latent stakeholders）。国内学者中，万建华、李心合都从企业利益相关者合作性和威胁性两个维度对利益相关者进行了分类，细分出支持型的利益相关者、边缘型的利益相关者、不支持型的利益相关者和混合型的利益相关者四种类型的利益相关者。

总之，诸多学者的分类都有不同的侧重点，他们所指的企业是泛化的，因而在实际具体操作中必须根据企业自身的特点和性质进行调整。归纳这些分类方法，他们几乎都离不开以下几个命题：一是利益相关者与企业关系的紧密程度；二是利益相关者对企业的影响程度；三是一个利益相关者对企业各种形式投资的主动性或被动性；四是利益相关者对企业的影响是实在性或潜在性。

（2）乡村旅游可持续发展的利益相关者的界定思路

综合上述观点，本书在界定乡村旅游可持续发展的利益相关者时，主要考虑以下几个方面因素。

①其行为影响乡村旅游可持续发展的方式对乡村旅游可持续发展产生影响的人的数量众多，类型极其复杂，比企业的利益相关者更为复杂，本书是

不可能全部涵盖。但从影响方式上可大概分为：直接影响和间接影响，划分的标准是其行为是直接作用于可持续发展（即直接作用于生态环境或产出），还是通过其他人的行为作用于可持续发展。尽管，在现实生活中，除了两种单纯情况外，也还存在既有直接也有间接的行为主体，不过这一问题可放在具体的问题的中再分析。关于这种划分，直接影响的行为主体，无可争议地应属于利益相关者，而对于间接影响的行为主体，需要考虑是否有实质性的影响，也就是说间接影响的主体在对大程度上影响直接影响主体的行为，而这一问题又取决于两者利益关系的性质，以及影响链条的长短，这需要在具体界定时分析。

②其拥有资源对乡村旅游可持续发展影响的大小行为主体对可持续发展的影响是由其拥有资源决定的。关于这一问题，本书研究认为，如果其拥有资源对贫困地区农村可持续发展产生较大的影响，就应属于利益相关者，如果很小，就不作为利益相关者处理。

③其投入资产的专用性程度资产专用性也就是资产的变现能力，资产的变现能力越差，风险就越大，人们在进行投入时，就越谨慎，同时也就越努力地影响结果的发生，即对结果的影响也就越大。关于这一问题，本书研究认为，行为主体对可持续发展投入的资产的专用性程度较高，就应属于利益相关者，如果很低，就不作为利益相关者处理。

④乡村旅游可持续发展这一绩效在其全部利益中所占的份额，一般来讲，某一结果在行为主体的全部利益中占的份额越大，行为主体就越关注这一结果的发生，份额越小，也就越不关心这一结果的发生。关注，也就是越努力地影响结果的发生。因此，本书研究认为，乡村旅游可持续发展这一绩效在其全部利益中所占的份额较大的行为主体，应属于利益相关者，如果很小，就不作为利益相关者处理。

（3）乡村旅游可持续发展的利益相关者类别

根据上述基本思路，本书研究所界定乡村旅游可持续发展利益相关者主要包括以下四种类型。

①地方政府。在乡村旅游开发中，地方政府发挥了至关重要的作用，突出表现在对乡村旅游景区的宏观策划、规划和基础设施建设等方面，地方政府代表着社会整体利益，追求社会公共利益最大化。作为乡村旅游开发利益相关者之一，其通常把发展旅游业作为增加收入、刺激当地经济发展和增加就业的手段。一方面，他们希望通过旅游开发活动招商引资，发展旅游业并带动其他相关产业的发展，增加财政收入，促进就业，提高当地居民生活水平；另一方面，他们希望通过旅游业的发展，保护本地自然及文化资源，实现旅游产业的可持续发展。

②当地农民。当地农民在乡村旅游开发中处于特殊的位置，他们既是乡村旅游资源的供给者，又是乡村旅游开发活动的参与者和承受者。多方面的角色，决定了当地农民对利益要求的多面性。作为资源的供给者，他们希望获得适当的资源使用费与维护费；作为乡村旅游活动开发的参与者，他们希望从乡村旅游开发中直接受益，获得工资报酬或经营收入；作为乡村旅游开发活动的承受者，他们希望乡村旅游开发对他们生产生活的负面影响能降低到最低程度。

③旅游开发商。在乡村旅游开发中，旅游开发商的主要任务是筹措资金、引进先进技术和先进的开发、管理经验，根据项目特点及市场需求开发适合的旅游产品，提高开发水平和效益；旅游开发商的介入对乡村旅游的发展，尤其是规模发展起着重要作用。旅游开发商参与旅游开发最主要的目的就是为了寻求和拓展发展空间，获得经济利益。

④旅游者。旅游者是旅游开发的需求方，是乡村旅游项目建成投放市场后的消费者。旅游者对乡村旅游开发的利益追求，不同于其他利益主体，其主要是想获得有别于城市生活的乡村体验，并从中获得身心放松和相关体验，追求乡村田园、农家之乐。因此，旅游者对旅游产品开发的满意程度，决定着旅游开发成功与否，旅游项目的经济效益能否实现，也取决于旅游者的满意程度和旅游消费的规模、结构与水平。

上述四大利益相关者中，游客是乡村旅游市场中的需求方，关系着供给方开发的产品是否能够满足需求方需求并从中创收的关键问题，因此，游客被公认为是乡村旅游的核心利益相关者。但从乡村旅游投资开发角度出发，即供给方除了从投资对象身上获取收益外，无法从其他地方得到收益和补偿，同时为了更清晰地探讨在乡村旅游的开发阶段，乡村旅游企业、乡村居民和当地政府之间的利益情况，本课题将乡村旅游核心利益相关者界定为乡村旅游开发商、当地农民、地方政府三类。

乡村旅游开发商、当地农民、地方政府是乡村旅游开发中的三大利益主体。三者之间发生着各种各样、复杂多变的利益关系。一个成功的乡村旅游开发项目，必然是协调这三者之间的利益博弈，达到利益平衡的状态，从而带来稳定和迅疾的经济发展效果，这是我们建设小康社会的内在要求。但是现实往往不是这样的，也正是由于这三个利益相关者之间的利益博弈以及由于天然的弱势使得农民往往处于利益窘境等原因，使得研究乡村旅游开发中的农民权益保护显得意义非常大。

3.4 农民权益保护相关理论

3.4.1 人本思想

（1）我国人本思想概述

我国的人本思想最早始于春秋战国时期，其后随着历史的发展，人本思想也在不断地演化，并在每一个时代都显示出它独有的特征。自从人本思想诞生以来，它就成为中华民族生生不息的内在动力，成为中华文化绵延不绝的精髓。人本思想是我国古代封建社会的主流思想，尤以管子和孔孟思想为代表。在当时，"人"与"民"时而可以互置，人即民，民即人，亦可通称"人民"。我国近代人本思想是以孙中山先生为代表的"三民主义"思想，即民族主义、民权主义与民生主义。孙中山的"三民主义"思想在我国近代历史上发挥着重要的作用，然而它毕竟是资产阶级的革命纲领，天生具有局限性。中国共产党十六届三中全会提出了"以人为本"的思想，是我国当代人本思想的最新发展，它既不同于西方一直传承的以人为本的价值取向，又与我国传统的人本思想有着不同的含义。它是以人民群众为实践主体，以推进人的全面发展为价值取向，以发扬人民民主为根本保障，以实现最广大人民的根本利益为最终目的，以推动社会经济、文化的不断发展为实现途径，是对传统人本思想的继承与发展。以人为本，一是承认与尊重人在社会历史发展过程中的主体地位，发挥人的首创精神，保障人民的各项权益，不断满足人民日益增长的物质文化需要。二是要求国家和政府必须执政为民，一切从人民利益出发。因此，以人为本的当代人本思想同以往任何一个时代的人本思想都有着本质的不同，它不再是一个统治的工具，而是为了实现人的全面发展而存在的。

（2）人本思想对农民权益保障的启示

当代"以人为本"思想是我国、农民权益保障的价值基础。在当代中国的社会语境中，农民仍然作为创造社会财富并推动社会发展的重要主体而存在，然而他们却难以享受到与其所做出的贡献相当的权利，产生这种现象的根本原因在于没有正确认识农民在社会历史发展过程中的重要作用和主体地位。以人为本作为一个价值论命题，其重要意义在于回答了在社会历史发展中，究竟什么是最根本的、最首要的。它要求把人的实践活动作为社会发展的动力，把人的发展看成是社会发展不可或缺的重要因素，并以实现人的利益作为社会发展的根本目的。农民作为社会实践活动的主体以及推动社会发展的重要力量，满足农民的需要、实现农民的利益便成为"以人为本"的题中之意。结合中国的实际情况，实现农民利益要求满足农民以下几个方面的需要：一是基本生存需要，即维持农民正常生活所必备的诸如衣、食、住、行、医疗保健、人身安全等方面的需要。二是社会生活的需要，包括参与社会政治、经济、文化生活的需要，精神生活的需要，享受社会服务的需要等。三是情感需要，这是指农民在社会实践和交往过程中对客体所产生的心理反应，它要求破除传统观念中对农民身份的歧视，从情感上接受农民作为平等的社会成员，尊重农民的人格。四是发展的需要，这是指人在基本需要得到满足的基础上，获得全面自由的发展，马克思主义强调每个人的自由发展是一切人自由发展的条件，每个人的充分发展是一切活动的目的和尺度，农民的发展也是衡量一个社会总体发展水平的重要标准。

3.4.2 农民权益保障

（1）农民权益保障的核心：保障农民人权

人权是一定时代作为人所应当具有的，以人的自然属性为基础、社会属性为本质的人的权利。随着学界对农民问题的持续关注，"农民人权"的提法开始出现并逐渐得到多数学者的认同。"农民人权是指在中国现行的环境下，处于弱势地位的农民群体应该享有的作为人的平等权利和公平对待权利，以及为抵消其固有弱势带来的不利影响而确保与其他群体（市民）平等地享有人的尊严，要求国家、社会给予其差别对待和差别补偿的权利。"

人本法律观在充分洞见人权在法治体系中的重要位置的基础上，强调"在法制的每一个环节上，都要尊重人格、保障人权，体恤人的自然权利"，并将人权作为法治的出发点和最终价值追求。以法律保障农民权益必须以保障农民人权为核心，这是因为：人作为法律之本，"法治之法必须以人为依归"，在农民权益这一概念中，最关键的要素是人，如果缺乏作为权益主体的人，那么权益本身也就没有价值。因此，关注农民权益的实质就是关注农民这个主体，而确认农民的主体资格也就是确认农民作为人的基本权利，包括知情权、参与权、表达权等。农民"唯有享有权利，才能拥有尊严并有力量"。在中国，由于历史原因造成的人们对农民身份的歧视以及对农民权益的否定决定了农民仅能成为有限的人权主体，虽然在《中华人民共和国宪法》当中规定了"中华人民共和国的公民在法律面前一律平等"，但是在现实生活中，农民仍然无法享有与城市居民平等的政治、经济地位和发展的机会。在现实生活中，乡镇行政权力过大，而农民组织的建设及职权缺乏相关具体规制，以致时常出现农民权益受损却投诉无门的情况；农民土地权益因产权不清而严重流失，进而引起纠纷不断；保护农民权益的法律因刚性不够以及诉讼成本相对较高等原因，对农民权益的保障也难以到位；由于户籍制度的限制，农民无法享受城市居民医疗社会保障，这种种状况，归根结底，都是由于农民的社会主体地位的缺失才造成的，因此，解决农民问题的关键就在于保障农民的社会主体地位，也就是保障农民作为人的基本权利。这其中，最为重要的是保障农民的平等权。农民平等权是指农民在民主政治、社会经济和文化教育等方面应当享有与城市居民同等的或更多基于其权能需要的公民权。恩格斯曾经说过："一切人，或至少是一个国家的一切公民，或一个社会的一切成员，都应当有平等的政治地位和社会地位。"这决定了在社会发展过程中，必须体现农民的社会主体价值，使农民在经济资源的分配、农产品收益、劳动就业、受教育、人身保障等诸多方面与城市居民实现事实上的平等。对此，在党的十七届三中全会通过的《中共中央关于推进农村改革发展若干重大问题的决定》中特别强调了实行城乡按相同比例选举人大代表、实现教育公平、推进城乡劳动者平等就业、构建合理的收入分配制度、建立覆盖城乡居民的社会保障体系、完善基本医疗卫生制度等措施在保障农民权益方面的重要作用。

（2）农民权益保障的目标：促进农民现代化

通常情况下，现代化一词被用来描述从农业社会向工业社会的转变过程中发生的社会和文化变迁的现象，它包括经济现代化、政治现代化、教育现代化以及人的现代化。而农民现代化即属于人的现代化的表现形式之一，它是指"农民在社会化过程中，逐渐抛弃传统因素的束缚，不断接受现代的新观念、新思想，培养现代生产、生活技能和人格的过程。"农民现代化的过程也就是农民的政治、经济、文化等方面的社会行为日趋理性化的过程，即实现农民全面发展的过程。人的全面发展不但是马克思主义所关注的内容，也是中国共产党在领导中国社会主义建设过程中持续关注的焦点。我们要在发展社会主义社会物质文明和精神文明的基础上，不断推进人的全面发展。而人本法律观也遵循马克思主义的指导强调"从理论和实践相结合上，弘扬人文精神，促进人的全面发展"。中国社会主义建设是一项系统工程，涉及社会发展的方方面面，中国的农业问题、农村问题以及农民自身问题的最终解决，从根本上说，都只能依靠农民的综合素质、能力的提高，因此，促进农民的全面发展也自然成为"促进人的全面发展"议题中的重要部分，并主要体现在以下三个方面：首先，促进农民劳动能力的全面发展。马克思在《资本论》中将人的劳动能力"理解为人的身体，即活动的人体中存在的，每当人生产某种使用价值时就运用的体力和智力的总和"。农民劳动能力的全面发展意味着农民征服世界和改造世界的能力不断提高，并且，由于劳动在社会发展过程中的基础性作用，使得只有在这种劳动能力不断提高的过程中，农民其他各个方面的发展才成为可能。因此，劳动能力的发展是农民全面发展的基础和主要内容。其次，促进农民的社会关系的全面发展，即要求保障农民在社会交往过程中，在心理、情感、信息等方面得到充分交流，进而丰富和完善自我，只有这样，社会才能达致真正的全面、协调发展。再次，促进农民的素质和潜能的全面发展，这是实现农民全面发展的核心内容。只有当农民的素质和潜能获得全面发展，社会才能获得持续发展的强大动力，此外，它还意味着社会发展进入一个从仅仅以外在劳动能力为动力的传统模式向以内在的素质和潜能为动力的现代模式转变的过程，它标志着社会发展进入良性动力循环的轨道。

3.4.3 利益机制理论

利益是人和人类进化、生存、发展的条件和基础，没有利益就谈不上人和人类的进化、生存，更谈不上人和人类的发展。人的利益由以下几个方面组成。一是生存。包括生命、生育、生活，是人利益的核心内容。二是环境。包括空气、阳光、饮（用）水、温度、静音、悦目、绿色、便利。三是家庭。包括饮食、衣服、住房、道路、婚姻、生育、养老、医卫。四是就业。包括学习、受训、就业、保险、资产、消费、积累、发展。五是精神。包括权利、名义、地位、安全、理想、事业、信仰、兴趣。

在我国社会转型带来社会结构、经济体制、分配方式的深刻变化，引起社会利益格局大调整的今天，如何从制度上建立健全社会利益机制，平衡协调不同利益主体之间的利益，保护最广大人民群众的根本利益，对推动我国政治、经济、社会稳定和协调发展，维护社会稳定，建立和谐社会具有十分重要的意义。农民所处的社会经济地位低下，使得本应该由农民享有的权益受到来自于社会其他利益主体的侵害。在利益分配方面，农民在政治、经济和社会权益方面存在着严重缺失现象，诸如政治人权、劳动就业权、社会保障权、土地及相关财产权等方面与其他社会阶层相比存在很大的缺失现象。因此，在对农民权益进行保护时，建立合理的利益机制体系是非常必要的。特别是在我国社会转型带来社会结构、经济体制、分配方式的深刻变化，引起社会利益格局大调整的今天，如何从制度上建立健全社会利益机制，平衡协调不同利益主体之间的利益，保护最广大人民群众的根本利益，尤其是对处于弱势的农民及其权益进行特殊保护，对推动我国政治、经济、社会稳定和协调发展，维护社会稳定，建立和谐社会具有十分重要的意义。

乡村旅游开发作为目前经济建设的亮点工程，各地都在大力地发展，但是在这个过程中，以经济权益为重心的农民权益与其他市场主体的利益矛盾和冲突却日益突出，为了社会的稳定，我们必须通过利益机制协调各方的利益，改变目前乡村旅游开发当中农民各项权益受侵害的现状。有效的利益机制体系主要包括以下几个方面的内容。

①利益产生机制和利益代表机制。利益产生机制的中心理论是依靠科学的法律制度，促使农民权益可持续的产生，为农民不断提供增益。利益代表机制的中心理论是依法确立恰切的并真正意义上能够代表农民权益的代表者或代表集团。此代表者或代表集团应当是在法律的框架下确立的，并且是能够真正地为了巩固及维护农民的经济、政治等权益而与其他利益集团相博弈的农民权益代表集团。目前法律规定中的"农村集体"或"农民集体"，其实是一个"抽象的没有法律人格意义的集合群体"，是一个虚置的权利主

体，集体最多不过是土地的经营管理者，而不是实际的所用权代表者，而目前正是由于缺少这样一个代表机制，导致产权不明晰，实际拥有处分权、决定权的是政府。直接导致乡村旅游开发中的农民土地权益受到侵害。农民迫切应该有一个代表机制作为他们的土地权益保障者。

②利益协调机制与利益分配机制。利益协调机制的核心和实质是对利益关系进行重新合理定位，利益协调机制的直接目标是通过利益协调缓解农民与其他利益主体之间的利益矛盾和冲突。利益分配机制的中心理论是依法合理地对农业经济活动中产生的利益进行分配。既包括农民与农民之间、农业组织与农业组织之间的利益分配关系，又包括农民与其他主体之间的利益分配关系。

③利益表达机制与利益保障机制。农民利益表达机制的中心理论是农民权益代表者能够利用合法的途径与制度的安排表达出农民对于权益的要求，表达出农民对于自身权益确立及保护的关注度，从而使农民权益代表者体现出对于巩固和维护农民权益所具有的存在价值。利益表达机制通常作用于利益博弈与利益冲突之后，而利益表达机制对于平衡利益博弈及缓和利益冲突方面所具备的能力是毋庸置疑的，利益表达机制是协调各方利益关系的必要保障。利益保障机制的中心理论是农民权益能够得到切实的保障，保障农民享有基本人权以及各项合法权益，当这些权益受到侵害的时候，利益保障机制的建立能够使得农民享有受偿的权利从而维护农民的权益和社会的稳定。

4

乡村旅游开发中农民权益受损之
现状考察、评价及分析

4.1 乡村旅游开发中农民权益现状调查方案

4.1.1 调研内容

①调查区域乡村旅游发展的现状情况。

②调查区域乡村旅游开发模式有哪些。

③调查区域乡村旅游开发各类模式对农民权益的影响：

第一，经济权益（土地流转模式、旅游收入分配模式）。

第二，社会权益（对农民就业的影响，土地流转后农民的社会保障模式，对当地环境的影响，对当地农村文化的影响）。

第三，政治权益（农民的决策参与程度及参与的模式，农民参与培训的情况如何）。

4.1.2 调研区域

重庆是一个集大城市、大农村、大库区、大山区和民族地区于一体的特殊直辖市，重庆的发展在我国的地区发展中有一定的代表性。据调查统计，全重庆有 143.4 万人生活在海拔 1000 米以上的高寒边远山区，尤其是渝东北、渝东南地区。由于地处武陵山区和秦巴山区，喀斯特地貌分布较广，自然地貌多为高山、石山、深山，贫困问题突出，但丰厚的民族文化和独特的自然环境为这些贫困地区提供了得天独厚的旅游资源条件，因此，进行乡村旅游开发成为这些地区主要的产业扶贫模式，且乡村旅游的发展也与该区域农民的权益保障息息相关。因此，本研究主要针对武陵山连片特困区重庆范围内的黔江、酉阳、秀山、彭水、石柱、武隆、丰都 7 个区县及秦巴山连片特困区重庆范围内的城口、云阳、奉节、巫山、巫溪 5 个区县的乡村旅游开发中农村权益情况进行调查。

4.1.3 调研方式

本次调查主要采用分层逐级抽样调查方法。每个乡镇分别抽取具有代表性的几个村（社）进行调查，对所选行政村（社）内的所有的农村居民进行随机抽样调查，并以人为单位填写基本数据表。具体调研方式包括以下几种。

（1）部门走访

走访旅游局、扶贫办等部门，了解目前乡村旅游开发现状、模式、存在的问题及农民权益保障方面的做法。

（2）现场调查

乡村旅游开发地现场调查，针对农民进行现场访问，同时发放调查问卷并协助农民填写。

（3）学生社会实践

本书的研究主要依托单位重庆工商大学旅游与国土资源学院的旅游管

理、土地管理，社会与公共管理学院社会学三个专业学生通过自由报名分别于 2012 年寒假和暑假两个假期以社会实践的形式对乡村旅游开发地农民权益保障进行社会调查，调查方式以现场走访与发放调查问卷两种方式进行。假期结束以调查问卷及调研报告的形式交调研成果，课题组择优选用。

（4）邮寄调查问卷

针对非重庆区域的典型案例区，采用邮寄调查问卷的方式，依托当地村官进行协助调查，回收调查问卷后采用邮寄方式收回。

4.1.4　调研步骤

（1）前期准备

成立乡村旅游开发中农民权益保障现状调查小组（以下简称调研组），制订工作计划和工作方案。内容包括调研成员、主要任务、调查方式、注意事项等；为抽样调查设计调查问卷，通过农民访谈、数据表来收集县级、乡镇级的和村级的一手和二手数据；收集国家级和省级关于乡村旅游开发、乡村旅游扶贫等相关政策的信息和文件。

（2）调查人员培训

编制调研培训手册，并作为实地操作指南，于 2012 年 11 月对所有参与调研与研究人员进行了专题培训。培训内容包括调研的方法、目的、过程和主要工具；农民访谈、问卷调查、实地调查；本项目研究的内容和方法；资料和数据的收集和分析等。并于 12 月对重庆潼南县崇龛镇"菜花节"与渝北木耳镇金刚村"葵花谷"进行了试调研，根据试调研过程中发现的问题，进一步修改完善了调查问卷及表格。

（3）实地调查

考虑到时间有限和整村扶贫绩效评估小组的人力投入，采用简单抽样和分层抽样相结合的方法。抽查方式是抽取 10 个区县进行实地走访调查。每个区县分别选择好、中、差乡村旅游目的地各 1 个作为调研对象。在实地调查中，调研组收集农户问卷调查 595 份。

（4）数据分析和撰写评估报告

收集到的一手和二手数据由调研组在实地进行记录和整理。调研组将对数据进行分析、比较得出相关结论，并撰写调研报告。报告内容要求包括以下几个方面。一是基础数据收集情况（调查问卷的收集情况）。二是数据分析，基于本次调查的目的重在描述乡村旅游开发中农民权益保障现状及本次调查数据的特点，主要采用描述性统计分析方法，具体分别有结构分析法、比较分析法、均值分析法，利用 SPSS、Excel 等统计分析软件进行数据和图表的处理。三是调查结论（根据数据分析结果分类说明乡村旅游开发中农民的哪些权益受损，受损的情况如何）。四是乡村旅游开发中农村权益受损的深层原因剖析：从乡村旅游开发的角度进行分析（开发过程中存在什么问题）；从国家制度或法律缺陷进行分析；从农民自身的素质和条件进行分析；对策和建议（借鉴典型乡村旅游开发中农民权益保障的创新实践）。

4.1.5　调查样本结构

本次发放问卷 640 份，回收有效问卷 595 份，有效率为 92.97%。在调查的各个地区中，旅游类型主要以乡村观光旅游为主，旅游开发模式主要以政府主导村民参与开发模式为主，其比例为 94.38%，仅有小部分以村民自主开发模式，比例为 5.62%。

调查的 640 个有效样本中，被调查者的总体文化程度不是很高，以小学及以下、初中文化程度偏多，均为 252 人，分别占总调查者的 39.33%；高中文化程度的有 122 人，占总人数的 19.10%；中专文化程度的仅有 14 人，占总调查人数的 2.25%；而大学及以上文化程度的基本上没有。

在对被调查者家庭最高文化程度的调查中，主要以高中为主，有 309

人，占总人数的48.31%；其次是初中文化程度的，有165人，占总人数的25.84%；其次是大学及以上文化程度的，有86人，占总人数的13.48%；中专文化程度和小学及以下文化程度的最少，分别有43人、36人，分别占总调查人数的6.74%、5.62%。

在对被调查的年龄的调查中，年龄在31~50岁的被调查者居多，其中31~40岁的有180人，41~50岁的有223人，分别占总调查人数的28.09%和34.83%；其次是51~60岁和60岁以上的被调查者，分别有122人和72人，占总调查人数的19.10%和11.24%；年龄在30岁及以下的被调查者最少，仅有43人，占总调查人数的6.74%。具体内容见表4-1。

表4-1　　　　　　　　调查样本年龄及文化程度情况

变量	分项	人数（人）	比重（%）
文化程度	小学及以下	252	39.33
	初中	252	39.33
	高中	122	19.10
	中专	14	2.25
	大学及以上	0	0.00
家庭最高文化程度	小学及以下	36	5.62
	初中	165	25.84
	高中	309	48.31
	中专	43	6.74
	大学及以上	86	13.48
年龄	30岁及以下	43	6.74
	31~40岁	180	28.09
	41~50岁	223	34.83
	51~60岁	122	19.10
	60岁以上	72	11.24

在对重庆乡村旅游开发中农民权益保障现状的调查中，各调查者家庭住址距离乡村旅游景点的平均距离为4.57公里；各调查者平均农用地面积为3.87亩，平均宅基地面积为127.65平方米；各调查者的家庭人口平均4.40人，平均家庭劳动力人口为2.48人。具体内容见表4-2。

表4-2   调查样本家庭住址、土地、人口情况

家距离乡村旅游景点（公里）	土地		人口	
	农用地（亩）	宅基地（平方米）	家庭人口	劳动力人口
4.57	3.87	127.65	4.40	2.48

4.2　调查区域乡村旅游开发现状

4.2.1　乡村旅游发展的整体情况

重庆开展乡村旅游项目区域主要集中在武陵山和秦巴山两个国家集中连片特困地区。在实施乡村旅游发展项目中，重点沿乌江、长江两带和秦巴山、武陵山、大娄山乡村旅游成连片发展。目前，乡村旅游在重庆迅猛发展，部分片区已开始向小城镇过渡，成为农村城镇化的先行区。乡村旅游作为重庆第一扶贫骨干支柱产业，已取得显著成效，在渝东南、渝东北地区发展乡村旅游接待户已突破一万户，旅游直接收入达7亿余元，户均收入6万元。重庆乡村旅游产业，已成为全国旅游系统的一张响亮的品牌，吸引了大量的城镇居民到贫困村避暑休闲养生，体验农耕生活，品味乡土文化，也吸引了城市投资、消费、文化三下乡。在乡村旅游发展项目区的城市客商和回乡创业企业已达上百家，每年投入50多亿元，促进了农村资源转化，提升了农村的生产生活质量，也探索出了一条促进农村发展、促进贫困地区农户快速增收、可持续增收的脱贫之路。

4.2.2　乡村旅游发展模式

(1) 科学制定乡村旅游发展规划

重庆市避暑资源丰富。据统计，有700多个村海拔在800米以上，高山

资源丰富，辖区面积 4000 多平方公里。重庆围绕全市旅游发展总体目标，制定了乡村旅游规划。将乡村旅游确定为推进农村发展和农民增收致富的龙头产业，以乡村旅游资源丰富的村或者集镇为平台，以农民集中居住为切入点，实施产业发展、基础设施建设、社会事业同步推进的片区综合开发。将武隆、酉阳、石柱、奉节、巫溪、城口、云阳等国家重点贫困县确定为乡村旅游开发示范区县。按照一个区县一个片区的模式，规划了仙女山、大黄水、红池坝、摩围山、三角坝等市级示范片和若干个县级示范片建设，形成了"两带三山五十五片区"（注：两带指长江、乌江沿线；三山指重庆范围内的秦巴山、武陵山、大娄山；五十五片指规划的乡村旅游扶贫开发小片区）的乡村旅游发展规划。

（2）开发乡村旅游特色产品，坚持错位发展

重庆针对丰富的自然资源，基于旅游产品功能的差异，对乡村旅游产品进行功能重组，形成系统化的产品系列，满足不同群体旅游休闲的需求。一是乡村自然环境观光产品系列。主要包括：山地峡谷观光探险产品、湖泊水库观光体验产品、原始森林康疗养生产品、草甸牧场观光体验产品。二是农业农事体验产品系列。主要包括：山地农业观光体验产品、高科技农业展示体验产品（特色农业、特色果蔬、特色花卉）、农庄休闲土特产品。三是民居建筑观光产品系列。主要包括：典型民居观光产品（土家吊脚楼）、特色街区观光产品（古镇）、传统聚落观光产品（东部山区乡村聚落）。四是民俗历史文化展示产品系列。包括：民族村寨体验产品、历史文化村寨体验产品、民间艺术观摩产品、城郊农家乐休闲产品、民俗风情体验产品。按照这一思路，在全市 200 个村实施乡村旅游扶贫项目，启动组织百万市民到两翼避暑纳凉的活动。按照"四化一配套"的要求，即绿化、美化、硬化、娱乐化和配套基础设施建设，用栅栏、瓜棚、菜地等对村庄进行包装和改造。按照"四改五添置"的要求，即改造外立面、厨房、厕所、圈舍，添置床上用品、电视、桌椅、浴室、棋牌室等。开展乡村旅游扶贫服务培训，提高农民接待服务能力，增强自我发展动力。

（3）结合农村扶贫，使乡村旅游扶贫成为贫困地区农民增收的重要渠道

近几年来，重庆市扶贫办在市委、市政府的领导下，根据本地区的自然资源禀赋，充分挖掘贫困地区特色资源，因地制宜，跳出以种植、养殖业为主的传统产业，着力调整扶贫产业结构，大力发展第三产业——乡村旅游。通过发展以旅游扶贫为龙头的特色扶贫产业，探索出一条促进贫困地区农户快速增收、可持续增收的脱贫之路。在全市 18 个重点扶贫区县 177 个村发展了 10000 户农户开展乡村旅游接待，其中贫困农户 2000 余户，占比达 20%。仅 2013 年，渝东南、渝东北地区乡村旅游接待户，累计接待游客达到 606 万余人次，旅游直接收入达 5.9 亿余元，户均收入 6 万余元；旅游总收入达 31 亿余元。特别是贫困农户，通过开展乡村旅游接待、发展配套农副土特产品生产、就近务工等多种形式的带动，户均增收达到 2 万元以上。从近几年游客到高山贫困村避暑纳凉休闲情况看，其人次以每年 41% 的幅度增长；旅游收入也呈多样化趋势，从单纯的吃住收入，逐步发展到农副土特产品加工、生产和销售。

（4）创新机制，让贫困农户成为乡村旅游发展的主要受益者

在开展乡村旅游项目实施中，始终瞄准贫困村和贫困户。一是培育专业户、专业村和专业合作社。通过乡村旅游扶贫项目实施，将贫困农户培育成旅游接待专业户和特色种植养殖专业户，从事乡村旅游业；将贫困村建设成乡村旅游专业村，在此基础上组建乡村旅游扶贫专业合作社或者乡村旅游扶贫协会，统一进行协调、管理和服务。二是支持企业牵头与专业合作社和贫困户合作经营模式。支持合作社与龙头企业开展股份合作，专业户和专业村与企业合作经营的"三专两合作"的产业模式，重点探索企业牵头，村民入股的村庄公司化的模式。比如秦巴山特困片区重点县，奉节县兴隆镇杉木村，一家旅游开发公司入住该村，将农户组织起来，统一包装成乡村旅店，统一经营管理，农户按不同的消费标准提供不同的服务，产生的利润大头归农户。项目为纽带，组建专业合作社，合作社与企业合作的混合经营模式。

石柱土家族自治县黄水镇，成立了"黄水人家专业合作社"入社会员 100 余户，通过合作社的整体运作，旅游接待收入成倍增长，据了解，合作社内，最高年收入达到 100 余万元，最低的也不低于 5 万元。三是采取大户带动小户和户帮户的经营发展模式。为解决贫困户无经营能力而又有意愿发展乡村旅游接待的问题，支持有能力的旅游接待大户带动贫困户从事旅游接待、劳动用工和发展农户产品生产加工等，签订供销合同，保证贫困户收益。秦巴山特困片区的城口县东安乡兴田村，积极探索贫困户以房屋和补贴入股经营、贫困户与大户合伙经营、贫困户将房屋委托大户或者合作社经营等多种模式发展乡村旅游，让该村 10 余户高山扶贫搬迁贫困户吃上了"旅游饭"，户均收入达到 3 万元以上。

（5）整合各类资源，加大乡村旅游投入

一是加大专项资金投入。近几年来，安排产业项目资金 2 亿元开发乡村旅游，每个村大约在 100 万元。为合理分配使用资金，制定了相关政策，40% 用于村庄环境整治，55% 用于农户接待设施改造，5% 用于广告宣传为乡村旅游招揽客源。二是整合相关项目资金和部门项目资源。贫困村基础设施差，要达到旅游服务的标准，投入大，仅靠专项资金，难以形成规模气候。为此，重庆市扶贫办整合高山生态扶贫搬迁、整村推进特色产业发展、村级互助资金、扶贫培训等项目，紧紧围绕乡村旅游扶贫做文章，集中资源打造乡村旅游扶贫接待点。同时，按照乡村旅游扶贫项目资金的 1∶3 的比例，以区县为平台，通过扶贫开发领导小组协调，将交通、水利、电力等基础设施，教育、卫生、文化等社会事业和农房风貌改造、农业综合开发等项目进行整合。从市级层面上，加强了与 18 个扶贫集团进行衔接，将帮扶资金集中力量投向乡村旅游扶贫项目实施村。据统计，整合资金总量达到 10 亿元以上。整合的各类资金，集中解决贫困村的道路硬化、通水、通电、通信网络和电视等基础设施，保障旅游服务的需要。三是加大社会投入。配合项目的启动，包装一批项目面向社会招商，并与重庆市民营企业家联合会进行对接。40 多家企业与贫困村签约联合开发协议，总投资 20 多亿元。目

前，在建项目 10 多个，总投资 5 亿多元。比如武陵山特困片区重点县，丰都县江池镇横梁村乡村旅游扶贫项目，扶贫部门包装特色产业园、体验观光园和乡村旅游主题公园等项目，引进 3 家民营企业，投资 5000 万元，农户自筹资金 350 万元，结合高山扶贫搬迁项目的实施，带动搬迁农户 70 户开展乡村旅游接待。成立乡村旅游协会，兴建接待中心和村内公共基础设施，打造休闲娱乐场所，发展接待床位 600 张，餐位 2000 余座，土特产品服务点 2 处，统一服务标准、统一对外联系、统一接待管理、统一组织开展各类民俗活动。在两年的时间内，将一个贫困村改造成为一片避暑休闲的旅游接待村。仅 2013 年，接待游客 3 万余人次，旅游直接收达到 450 余万元，户均收入 6 万余元。四是撬动农村闲散资金。通过项目实施，引导农户参与乡村旅游项目，拿出银行储蓄，改造食宿条件，开展旅游接待。据不完全统计，全市开展乡村旅游扶贫接待的农户投入自有资金达到 2 亿多元，户均投入 2 万余元。

（6）强化宣传、管理，创响旅游扶贫品牌

乡村旅游扶贫，给贫困农村带来了新气象，也带来了一些新的发展问题，为做到可持续发展，重庆市着重从规范管理、技能服务和宣传营销入手，着力提高旅游项目品质，创响旅游扶贫品牌。一是建章立制。制定乡村旅游扶贫项目实施意见和建设基本标准，做到有规章制度可依，有基本标准可执行，建立考评考核机制，促进项目健康稳定发展。二是强化培训。市、县两级扶贫部门，对所有参与乡村旅游接待的农户进行全面培训，达到 9 万余人次，提高农户的服务技能和安全责任意识。三是大力宣传。开展了百万市民两翼避暑纳凉行动、乡村旅游扶贫开村仪式，编辑印发《山村旅游指南》，《重庆乡村旅游》书籍，开发乡村旅游扶贫网站，召开新闻发布会，参加《阳光重庆》专题节目，组织记者团专题采访报道以及开展城市社区与贫困村对接等各类活动，中央有关媒体、重庆日报、重庆电视台等十余家媒体分别对每年的重庆市乡村旅游扶贫避暑休闲村仪式进行了宣传。把乡村旅游扶贫做到家喻户晓、老幼皆知，在重庆市掀起了一股乡村旅游扶贫避暑

休闲热潮,为贫困地区经济发展开创了新的思路。

(7) 突出龙头,带动扶贫产业全方位发展

重庆发展乡村旅游产业的同时,围绕旅游"吃住行、游购娱"的服务需求,大力发展绿色生态产业。配套发展生态养殖业"鸡牛羊兔蜂"、绿色种植业"林果药桑菜"等十大传统农产业,同时发展手工艺品产业,各种配套产业全方位发展。目前,18个贫困区县均建有3~5个扶贫产业园项目,每个区县都有一个除乡村旅游之外的重点支柱扶贫产业。通过配套产业的开发,既解决了旅游市场的各种需求,也为无力开展乡村旅游的农户找到了另外一条致富门路,更是带动了一方经济的发展。武陵山特困片区重点县武隆县双河乡,以木根村为核心,在大力发展乡村旅游的同时,依托仙女山风景名胜区的优势资源,引进一家农业公司,流转农民土地近万亩,开发旅游配套产业,建有观光农业园区一个、体验农业园区(QQ农场)一个,果蔬采摘园一个,建高山反季节蔬菜基地8000亩。把有条件的农民发展为旅游接待户、无条件的农户变成农业产业工人,带动当地农民致富,公司实行股份加绩效的分配方式,保障农户每个劳动力年收入不低于12000元。

4.2.3 乡村旅游产业发展的主要收获

(1) 以乡村旅游为核心的片区开发格局基本形成

重庆市开展乡村旅游扶贫项目的区域,主要集中在武陵山和秦巴山两个国家集中连片特困地区,是片区开发的重点区域,结合资源实际,按照我市乡村旅游扶贫"两带三山"总体布局,沿乌江、长江两带和秦巴山、武陵山、大娄山的乡村旅游已成连片发展的态势。如城口东安乡亢谷片区、奉节兴隆片区、酉阳毛坝片区、石柱大黄水片区、丰都方斗山、涪陵武陵山成为市级示范点;武隆木根村、涪陵迎新村、丰都横梁村、城口兴田村、巫溪三宝村、云阳歧山村等35个村,已成为最受欢迎的避暑休闲乡村。

（2） 乡村旅游龙头产业地位初步奠定

一是激活了传统产业。围绕旅游配套服务，特色蔬菜、水果以及地方特有品种的畜禽养殖业快速发展，武隆的特色蔬菜采摘园、酉阳的苹果桃、城口巫溪的散养鸡、开县云阳的羊以及巫山奉节的党参天麻等产业，融采摘、观光、体验于一体，商品率和利润率都较旅游开发前有了大幅度的增长。二是延长了产业链条。一些农户变成农副产品加工、运输、销售的专业户，把普通的农产品通过简单的包装加工，变成了旅游商品，提升了价值；把本地的农产品运销到城市，解决了农户销售难题。农民的从业分工，形成了产、供、销的产业链条，促进了传统农业产业的发展。三是带动了相关产业。一些贫困村围绕旅游开发手工艺品，得到游客的青睐，如城口的漆器、野核桃工艺品，万州泰安的刺绣等。

（3） 乡村旅游产业品牌集聚效应正在提升

重庆市乡村旅游产业，已逐步成为全市乃至全国旅游系统的一张响亮的品牌，吸引了大量的城镇居民到贫困村避暑休闲养生，体验农耕生活，品味乡土文化。过去一些常年去外省避暑的居民逐步回流到本地，也吸引了邻近省份的游客来休闲。品牌打响，也吸引了城市投资、消费、文化三下乡，促进了乡村的发展。城市的人流、物流、信息流、资金流下乡，促进了农村资源的重新整合与转化，提升了农村的生产生活质量。

（4） 社会管理和城乡文化进一步融合

发展乡村旅游，促进了重庆农村地区社会管理的进步。一些村开展创评"文明礼仪村""文明礼仪户"活动，乡村邻里更加和睦，百姓安居乐业。城里人下乡避暑期间，和当地农民建立了深厚友谊，把城市文明带到了农村。特别是接待户卫生习惯、待人接物、餐饮水平、文化教养等言传身教，极大提高了农民素质和思想观念。同时，乡村的文化也对城里人产生了深刻的影响。一些乡村民俗文化，如云阳清水乡歧山村的钱棍舞、腰鼓、蒿草锣鼓、山歌对唱等得到传承，活跃了农村文化生活，淳化了民风，促进了社会主义精神文明建设。

4.2.4 调查点的乡村旅游项目概况

本书的研究主要针对武陵山连片特困区重庆范围内的黔江、酉阳、秀山、彭水、石柱、武隆、丰都7个区县及秦巴山连片特困区重庆范围内的城口、云阳、奉节、巫山、巫溪5个区县的乡村旅游发展现状进行调查。各区县具体情况如下。

（1）黔江区乡村旅游发展概况

黔江区位于重庆市东南边缘，深居武陵山腹地，阿蓬江贯穿全境，官渡峡穿越城区，海拔在600～1900米，气候凉爽，景色宜人，形成了独具魅力的峡谷峡江之城和休闲养生的清新清凉之都。拥有"全国唯一，世界罕见"的地震堰塞湖小南海；集天生桥、天窗（天坑）、地下河为一体的蒲花暗河；峡绝水美与神秘悬棺交相辉映的阿蓬江官渡峡；峡谷奇观阿蓬江神龟峡；集商贾文化、码头文化、巴楚文化为一体的濯水古镇；"儒、佛、道"三教合一的武陵仙山等旅游胜地。民俗生态旅游独具特色。以土家族、苗族为主的少数民族文化丰富，衣食住行、婚恋丧葬、节庆礼仪、文化娱乐等民族风情特殊俗异。

目前，全区已在石会镇、水市乡、小南海镇、邻鄂镇、水田乡、五里乡、白土乡、沙坝乡、中塘乡、濯水镇、阿蓬江镇等乡镇街道发展乡村旅游示范点12个，推出了"清新清凉黔江、避暑纳凉天堂"乡村旅游产品，设计出地质奇观清凉游、森林探险避暑游、高山纳凉养生游、QQ农场体验游、土家水乡画卷游、古镇休闲度假游、峡谷峡江纳凉游、生态农业观光游、神秘灰千逍遥游、农耕感受体验游等十大乡村旅游路线。

全区乡村旅游以大旅游环境为依托，以新农村建设为背景，以自然风光为基础，以乡土文化为卖点，以城市居民为客源，探索出符合黔江特色的乡村旅游类型。其一是避暑纳凉型。以水市乡清爽纳凉为代表，利用得天独厚的高海拔凉爽气温优势，吸引重庆主城及周边夏季气候炎热地区的消费者前来避暑纳凉。目前，该乡已发展农家乐 108 户，占全区 587 户的 18.4%，2014 年接待游客 2.69 万人次，实现旅游产值 532 万元，荣获全市乡村旅游避暑纳凉示范点称号。其二是景区依托型。以小南海镇景区周边农家乐为代表，利用小南海景区名片，以便利的交通、大景区旅游资源、完善的接待设施来吸引客源。其三是民俗文化型。以小南海镇十三寨乡村旅游为代表，利用土家特色民俗文化特点来吸引客源，大力建设生态型村落和休闲旅游区。2014 年接待乡村旅游游客 1.44 万人、旅游产值 353.1 万元。其四是旅游观光型。以中塘乡仰头山产业园、阿蓬江沿线旅游为代表，利用观光农业、绿色美景、田园风光、乡村题材，向游客展示乡村特有的风貌，吸引游客前来垂钓、观光、游览、休闲住宿等。其五是休闲养生型。以石会镇中元村为代表，借助移民契机，全新规划新村架构，建设旅游村落，利用武陵仙山的秀丽景色和香山寺的文化底蕴为依托，通过打造 QQ 农场、生态农庄、休闲垂钓等农耕式乡村体验旅游，让游客在休闲娱乐中增长见识，体味农村生产生活乐趣。

（2）酉阳县乡村旅游发展概况

酉阳土家族苗族自治县（简称酉阳县）位于重庆市渝东南，武隆山腹地，与渝、鄂、湘、黔四省（市）在此接壤，是渝东南重要门户，素有"渝东南门户，湘黔咽喉"之称。酉阳幅员 5173 平方公里，是重庆市面积最大的区县。属亚热带湿润季风气候区，海拔高差大，地形性气候独特，全年雨量充沛，冬暖夏凉。月平均气温 1 月最冷为 3.8℃，7 月最高为 24.5℃。年降雨量 1000～1500 毫米。酉阳历史悠久，建县制 2000 余年，曾是 800 年州府所在地。酉阳具有光荣的革命传统，土家族传统至今保存较好，土家摆手舞、土家民歌、土家油茶汤、土家吊脚楼、土家苗寨的婚丧嫁娶和民间戏曲、民间传说等民族文化浓厚。

酉阳把乡村旅游开发，作为助推美丽乡村建设和推进"旅游扶贫工程"

的重要载体，大力发展乡村旅游。一是围绕特色塑造品牌。集中建设一批体现少数民族特色的寨门、牌坊等标志性建筑，修缮村寨内土家吊脚楼、土家大院等传统民居，酉水河镇河湾山寨入选"中国首批少数民族特色村寨"，龚滩古镇入选"中国最美小镇"。二是围绕文化提升内涵。成功申报国家级非物质文化遗产保护名录 6 项、市级非物质文化遗产保护名录 10 项；河湾山寨荣登央视纪录片《记住乡愁》，石泉苗寨传统美食亮相贺岁电影《舌尖上的新年》。三是围绕产业助农增收。围绕"大桃源"景区，建成 8 条乡村旅游精品线路，配套特色产业基地 125 万亩，开办农家乐、千家居 1000 余家，打造了酉水河豆腐鱼、土家老腊肉等特色餐饮品牌。2015 年，全年乡村旅游接待游客 480 万人次，实现旅游综合收入 15 亿元，分别同比增长15% 和 26%。

(3) 秀山县乡村旅游发展概况

秀山土家族苗族自治县（简称秀山县）地处武陵山腹地、渝东南边陲，境内以低山丘陵区为主。整个地势西南高，东北低，海拔最高 1631 米、最低 245 米。县境属亚热带湿润季风气候，常年平均气温 16℃，多年平均降水量为 1336 毫米。秀山自然资源独特，交通便利，人文资源丰富，素有"小成都"和"武陵明珠"之美誉，中华民歌经典《黄杨扁担》出自于此。秀山旅游以"花""边""少"为特色。秀山花灯是中国花灯鼻祖，活跃于主县城乡；沈从文名著《边城》的原型地位于此地，旧址洪安依在。土家族、苗族在这里生活的历史久远，形成独特的民族文化。秀山是重庆、湖南、贵州三省交界地，边境贸易、多民族交融，形成了丰富的旅游景观。

秀山把旅游与民俗文化有机结合，充分打好"文旅"融合这张牌，有力地助推了乡村旅游发展。为充分挖掘旅游文化资源，促进农村经济发展，近年来，秀山把青山绿水、恬静环境、农业景观等自然资源与风土人情、民俗文化有机结合起来，走一村一品，一村一景的发展道路，通过开展一系列民俗文化活动，增强旅游景点的吸引力，有力地助推乡村旅游发展。清溪龙凤花海的壮丽景观以及精彩的民俗表演、农事体验等活动让广大游客流连忘返。大寨村闹春活动和"生态官庄、鸳鸯风采"旅游文化节也是精彩纷呈。传统民俗表演、优美的自然风光吸引了大批游客。

2015 年，全县已建成乡村旅游景点 30 余个，星级农家乐 36 家，乡村旅游接待户 257 家，床位 1792 张。2016 年，秀山官庄镇雅都村、官庄镇柏香村、洪安镇美其村、洪安镇新田沟村、妙泉镇热水塘村、梅江镇民族村、大溪乡丰联村、龙池镇洞坪村、龙池镇河口村、涌洞乡川河村、涌洞乡楠木村、乌杨街道长滩村、里仁镇南庄村、石耶镇鱼梁村、钟灵镇云隘村 15 个村被列入全国乡村旅游扶贫重点村，这些村寨各具特色、苗族文化丰富多彩，对游客具有较强的吸引力。秀山的乡村旅游项目为农村提供了新的从业机会，让农村剩余劳动力不用进城打工就能增收致富，同时也缓解了留守儿童和空巢老人问题。

（4）彭水县乡村旅游发展概况

彭水苗族土家族自治县（简称彭水县）地处武隆山区腹地，境内河流众多，森林密布，环境优美，摩围山、阿依河、乌江画廊、鞍子寨、郁山古镇等自然和人文资源积淀深厚，旅游资源十分丰富。

近几年，彭水围绕"山"、"水"、"情"这三个主题，长远发展体现"三区五线"的规划布局，"三区"：乌江以南，以摩围山片区为核心的乡村旅游开发示范区；乌江以北、郁江以东，以新田—又要柘—大同为轴线的现代农业综合发展区；以乌江以北、郁江以西，以渝湘高速公路和彭石公路为廊带的生态产业集聚区。"五线"：县城为起点，以彭务二级公路为主干线的乡村旅游精品线；以乌江画廊、阿依河及鞍子苗寨为品牌的苗乡风情体验线；以展示现代烟草农业为重点的农耕文化感念线；以彭石公路为长廊的生态产业观光线；以郁山古镇为中心的盐丹文化回归线。截至目前，打造了摩围山和乌江画廊两个乡村旅游扶贫开发示范区，建成摩围山野鹅池、摩围山桂花新村、鞍子苗寨、乌江画廊周家寨、阿依河柏香村等乡村旅游点 18 个，累计发展乡村旅游会员农户 336 户，年接待游客 15 万人次，旅游年营业收入 1025 万元。乡村旅游逐渐成为彭水农村经济发展的重要产业、农民增收的主要来源和旅游业发展的重要组成部分。

摩围山片区。平均海拔 1100 米，平均气温 17.5℃，有成熟贯通的交通网络，并与周边知名景区资源互为依托，提供互补性的乡村旅游服务，具有很强的区域联动效应。片区内水、电、路、电视、通信网络全覆盖，配套基础设施完善。现已建成摩围山桂花新村、野鹅池、菖蒲、摩围山居 4 个乡村旅游点，乡村旅游农户 77 户，床位 1440 张，年接待游客 15000 人次，旅游营业纯收入 138 万元，带动贫困农户 400 多户，其中桂花新村的部分乡村旅游会员旅游营业收入已超过 10 万元。

乌江画廊片区。片区地处乌江画廊彭水精品段。有绝美的自然生态景观；有浓郁的苗族风情文化；更有巴寡妇神奇传说等悠久文化和厚重的历史。片区内现已建乌江画廊周家寨、鞍子苗寨、石盘新村 3 个乡村旅游点，乡村旅游农户 63 户，年接待游客 56000 人次，旅游营业收入 256 万元，带动贫困农户 300 多户。

（5）石柱县乡村旅游发展概况

石柱土家族自治县（简称石柱县）位于长江上游地区、重庆东部，长江南岸、三峡库区腹心，是集少数民族自治县、三峡库区淹没县、国家扶贫工作重点县于一体的特殊县份。具有"中国黄连之乡""中国长毛兔之乡"等多个光环，独具特色的旅游产业强势崛起，"清奇云梯街、清幽油草河、清凉黄水园、清美千野场"等多处人与自然和谐相处的旅游景观和"古朴土家风、醇畅民歌谣、巾帼秦良玉、神秘石悬棺"等风情浓郁的地方特色文化交相辉映，绘就了一个名副其实的"亲近石柱、古朴民族"。

石柱县发展乡村旅游覆盖 13 个乡镇 24 个村，打造乡村旅游接待户 408 户，培育"八龙莼乡""十里荷塘"等乡村旅游示范村，成功打造了"大黄水乡村旅游示范区"，可一次性接待游客 5 万人以上，达到户均增收 3 万~5 万元，全县年旅游综合收入 2200 万元以上。

大黄水乡村旅游示范区覆盖 6 个乡镇，均为黄水国家森林公园腹心地事业，森林覆盖率达 65% 以上，海拔均在 1000 米以上，夏季平均气温 23℃ 左右，土家民俗风情浓厚，旅游基础设施齐备，发展接待户占全县一半以上，年接待游客 3.5 万人以上，旅游综合收入 1500 余万元。依托乡村旅游，区域内还针对性的发展了莼菜、莲藕、黄连、特色水果等观光农业，丰富和提升了景区内涵。2014 年，该县创新乡村旅游开发机制，开展乡村旅游带动贫困户发展试点，探索了乡村旅游带动贫困户发展的模式。目前已在石家乡以乡村旅游龙头企业石龙山庄帮扶带动 36 个贫困户 400 余人，实现户均增收 5000~10000 元。

（6）武隆县乡村旅游发展概况

武隆县地处渝东南生态保护发展区，旅游资源极为丰富县独特，融山、水、洞、泉、林、峡于一体，集雄、奇、险、秀、幽、绝于一身，山灵水秀，景色宜人，拥有世界自然遗产保护地和国家 5A 级旅游景区两块金字招牌，是中国国家岩溶地质公园、中国户外运动基地、国家森林旅游示范区、全国生态文明示范工程试点县，正在创建国家旅游度假区。

近年来，随着旅游业的强势崛起、"旅游富民"战略实施，武隆乡村旅游扶贫产业得到了迅猛发展，制定出台了一系列促进发展的政策措施，将仙女山、双河、白马、赵家、铁矿、和顺等 18 个乡镇列入乡村旅游发展范围，整个投入专项扶贫、行业扶贫、社会扶贫等各方面资金 7.5 亿元建设了一批乡村旅游重点项目，引领大批贫困农户走上了脱贫致富的道路，建成星级酒店 17 家，乡村旅游接待户 1584 家，培育旅游商品生产企业 12 个，开发旅游特色产品 15 个，建成旅游商品门店 297 家，带动贫困人口 2.5 万人增收 8 亿元以上。该县在乡村旅游开发政策上，建立利益联结机制，以促进农民增收为核心，在延伸农业产业链和完善农民、合作社、老板和帮扶单位的利益连接机制上下功夫，探索"公司 + 基地 + 合作社 + 农户"的模式，将农业功能向经济、社会、文化和生态功能拓展，使种植业、加工业、餐饮业和创意农业相互渗透、相互提升，使农区变景区、空气变人气、农产品变商品、农房变客房。

2015 年，为让更多农户受益为前提，武隆县设立 1000 万元示范基地建设基金，连续实施 3 年，对示范性强、带动性广、群众受益大的示范基地给予建设补助和奖励。同时，积极争取和整合各类专项资金，大力开展招商引资，吸纳社会资金投入，推动重大农业产业化项目、乡村旅游项目和基础设施项目建设。目前，已优先选择确定了 29 个带动面广、示范效应大、建设完成后效益明显、积极性高的企业作为重点扶持对象，在发展规划、技术指导和资金投入上予以倾斜。

（7）丰都县乡村旅游发展概况

丰都古为"巴子别都"，素以"鬼国京都""阴曹地府"闻名于世，被誉为"中国神曲之乡，人类灵魂之都"。境内有"鬼城"名山和雪玉洞两个 4A 级旅游景区。有鬼门关与天子殿的幽冥世界、鬼王石刻的鬼斧神工、双桂山的烟雾迷蒙，有中国十大考古发现之首的烟墩旧石器遗址，有刘伯承血战丰都的革命历史文化，还有南天湖、龙河峡谷等美景。县内集高山、丘陵、平坝等多种地理形态于一体，自然生态优美，民俗风情独特，历来是广大市民观光休闲、避暑纳凉、娱乐度假的优选之地。

丰都县近年来坚持生态文明理念，充分挖掘乡土特色资源，大力发展乡村旅游产业。首先，进行了科学规划，提出打造"全市乡村旅游胜地"的发展目标，着力突出方斗山秀美山川、澜天湖原生植被、太平坝高山仙境、渠溪削河农家风情等原生态自然特点，尽力彰显原生原态的自然风景、原汁原味的乡土风情；坚持把牛肉、红心柚、红心猕猴桃、麻辣鸡块等土特产品联动发展，使乡村旅游和其他相关产业相互促进，相得益彰。其次，针对乡村旅游产业，进行多元投入。坚持"政府引导、农民主体、大户带动、金融支持"的思路，几年来累计投入资金 4.21 亿元，为乡村旅游发展注入了强劲动力。再次，丰都县挖掘乡土风情新特持，进行错位发展，在高山地区，开发了雪玉山国际房车营地、高山湿地、草原牧场等旅游项目，依托澜天湖景区建设了苏格兰风情小镇、森林小火车等特色景点；在中山丘陵地区，适时开展红心柚、猕猴桃采摘等农事节气活动；在横梁依山而建古城墙、森林人家等功能景观，将大自然的原生形态和自然景观进行有效保留和展示。最后，丰都县大力推行"景区＋农家""生态＋文化""农庄＋游购"等经营方式，扶持居民建好农家小院、乡村客栈、开心农庄等独具特色的农家服务设施。

目前，全县已发展方斗山和雪玉山两大乡村旅游开发区，覆盖7个乡镇15个行政村，发展265户农家乐，接待床位3500张，可一次性接待餐饮1.1万人，年接待游客27万人次，年旅游收入3000万元，旅游利润1800万元，参与接待客户均增收4.3万元。乡村旅游发展趋势已成为全县重要的扶贫支柱产业，成为彰显乡村活力、繁荣农村经济、提高农民收入的重要渠道。

（8）城口县乡村旅游发展概况

城口县位于重庆市东北部，大巴山南麓，东邻陕西省镇坪县、平利县，西接万源市、白沙工农区，南临开县、巫溪县，北界陕西省紫阳县、岚皋县。幅员3292平方公里，人口22万余人。全县以山地为主，全年气候温和，属北亚热带山地气候，年平均气温约16度。城口境内自然生态资源优势突出，依托地理、区位和气候优势，城口将乡村旅游扶贫产业作为支柱产业，带动贫困农户增收致富。

城口县将扶贫规划与旅游发展规划结合起来，编制完成《秦巴山片区（城口）区域发展与扶贫攻坚规划（2012～2020年）》《重庆市城口县旅游发展规划2011～2020年》《城口县乡村旅游扶贫规划》，出台《关于加快发展旅游产业的决定》，实施"一城两带四片"的旅游功能分区，并与中国亢谷旅游扶贫示范区、大巴山旅游扶贫示范区、南部片区旅游扶贫示范区紧密融合，重点打造，整体推进，带动11个扶贫开发小片区、90个高山生态扶贫搬迁集中安置区及94个贫困村整体推进。一是充分挖掘资源优势，着力开发旅游产品。依托丰富的资源优势，围绕乡村建筑、乡村田园风光、乡村手工艺品，开发体现田园风光的观光型乡村旅游产品；围绕游客参加农耕、采摘等农事体验活动，体验乡村特色民俗文化、农耕文化，开发休闲体验型乡村旅游品牌。逐步形成了一批参与性强、体验内容丰富的乡村旅游扶贫产品。充分挖掘生态优势，打造乡村旅游名片。按照"特色＋精品"的思路，深度挖掘生态资源，举办大巴山生态宴和特色美食品尝品鉴等活动，培育形成了大巴山原生态美食体系；按照"心灵牧场，养生天堂"形象定位，打造回归自然的驿站、放飞心灵的牧场；持续举办消夏养牛节、彩叶文化节等，丰富乡村旅游内涵，扩大知名度和影响力。二是注重三个融合，破解旅游扶贫发展难题。坚持与高山生态扶贫搬迁相融合，破解农户致富难题。按照"科学规划、合理布局，分期实施、逐步安置，整合资源、配套设施，扶持产业、促进增收"的工作方法，整合农村交通、水利、国土等行业部门资金，实施高山生态搬迁。搬迁农户自身生产生活条件得到明显改善，旅游接待能力和水平不断提高，取得了"一迁活全局"的效果。坚持与特色效益农业发展相融合，破解产业转型难题。大力推广"林上挂果、林地种药、林下养鸡、林间养蜂"等具有观赏性的生态复合型产业发展模式，开拓旅游观光采摘、农耕体验、商务活动等不同层次功能需求，实现特色效益农业与旅游开发融合发展，大大提高了农副产品的附加值，促进了农民增收致富。坚持与新农村建设相融合，破解资源整合难题。按照"统一规划、分步实施，集中建设、示范带动"的思路，整合资金、土地、林地等资源，建成一批生态环境优美、风格独特、特色鲜明的生态景观村落。

目前，已打造美丽乡村市级示范点 2 个、全市旅游特色景观旅游名镇（村）1 个，发展乡村旅游扶贫示范区 3 个、示范村 10 个，带动 9 个乡镇 45 个村近 1 万农户脱贫致富；培育乡村旅游扶贫示范户 600 户，直接带动从业人员 2000 余人，参与农户户均增收 3 万余元。实现了"农业旅游、农村发展、农民致富"三位一体同步发展。

（9）云阳县乡村旅游发展概况

云阳县位于重庆市东北部，距重庆城区 310 公里，是三峡库区生态经济区沿江经济走廊承东启西、南引北联的重要枢纽。东与奉节县相连，西与万州区相接，南与湖北省恩施州利川市相邻，北与开县、巫溪县为界。云阳县列入《全国文物分布图》的古建筑、古遗址、古墓葬、石刻造像等文物 145

处。近年来，云阳重点围绕"一心"（清水土家族乡清水、龙洞、岐山、大堰、钢厂村）、"多点"（票草镇票草村、龙角镇龙堰村、凤鸣镇阳凤、太地、锦屏村及人和街道干峰村、南溪镇火脉村）布局，大力发展"避暑度假""生态观光""城郊休闲"乡村旅游，乡村旅游接待农户、接待游客数量和乡村旅游收入逐年大幅攀升。

云阳县依托龙缸景区和清水独特资源，重点规划打造覆盖 9 个贫困村的云利路沿线乡村旅游示范片，同时发展城郊海拔相对较高的千峰、阳凤等 3 个贫困村的乡村旅游试点，远近结合，满足不同内容的乡村旅游消费需求。注重乡村旅游与扶贫搬迁相结合。近三年来，乡村旅游试点村共实施生态扶贫搬迁 252 户 976 人，80% 以上的搬迁农户成为规模不等的乡村旅游接待户。注重整合力量推进乡村旅游发展。建立县级领导和部门定点帮扶和定期议事协调制度，分解落实部门责任，整合部门投入 1.66 亿元，统筹解决基础设施配套。旅游招商引资 4.25 亿元，新建乡村酒店 18 家及旅游地产 10 万平方米。积极开展乡村旅游促销活动。成功举办两届"天下龙缸　风情土家"乡村旅游节、两届清水土家女儿会，连续三年在渝召开乡村旅游推荐会，制作发放乡村旅游宣传册 8000 册，开通云阳·清水乡村旅游网，取得了良好的宣传效果。

2013 年云阳县，12 个试点村发展乡村旅游接待农户 387 户，拥有接待床位 3732 张，2013 年接待游客 34.97 万人次，直接旅游收入达 6480 万元，户均创收近 10 万元，1500 余名农村劳动力回乡创业就业，直接或间接带动农村劳动力 7500 人从事乡村旅游相关产业。建成果品、蔬菜、花卉苗木基地 1.81 万亩，为游客带来视觉、嗅觉、味觉的切身体验。12 个试点村全部高标准实现整村扶贫达标，通过直接参与、资本入股、产业配套、流转收租、就近打工等途径，90% 以上贫困户直接受益。2013 年试点村农民人均纯收入达到 8035 元、减贫率达到 26.5%，分别高出全县平均水平 800 元和8.3 个百分点。

（10）奉节县乡村旅游扶贫发展概况

奉节县位于重庆市东部，长江三峡库区腹心，东邻巫山县，南界湖北省恩施市，西连云阳县，北接巫溪县。旅游资源以自然资源和人文资源为主，主要有夔门、白帝城、天坑地缝、龙桥河、夔州古象化石、黄金洞、古悬棺、长龙山等。

奉节县将旅游产业作为全县第一支柱产业的发展，结合扶贫政策，大力发展乡村旅游。以广大的农村资源为基础，以白帝城·瞿塘峡景区和天坑·地缝景区为依托，以独具特色的乡土、乡韵、乡情为主线，以生态环境保护和旅游带动农民致富为目标。根据不同季节的气候特征和不同空间的大地景观特色，推出了春季赏花踏青、夏季避暑纳凉、秋季采摘蔬果、冬季赏雪观景等旅游产品，唱响旅游的四季歌，激活县内及周边居民出游兴趣和农村居民投资旅游的热情，促进了旅游经济的稳步增长。一是投入大量旅游扶贫资金，改变农村面貌。二是补助建设农家乐，提高旅游综合接待能力。三是鼓励当地农民建设农业种植基地，增加农民收入。四是修建乡村道路，改善乡村交通条件。五是建设农村基础设施，改善农村生活环境。目前，新增宾馆饭店 18 家，农家乐已达到 400 余家、床位 8120 张、餐位 12600 个，旅游综合接待能力大幅提升。2013 年已累计接待游客 670 万人次，累计旅游综合收入达 22 亿元。

奉节乡村旅游示范区之一天坑地缝，地处长江南岸的兴隆镇、冯坪乡、在鸟峰乡、云雾土家族乡、龙桥土家族乡、长安土家族乡等 6 个乡镇 61 个村。示范区最低海拔 211 米，最高海拔达 2123 米，属于典型的立体气候，冬季有 3 个月的雪期，夏季凉爽宜人。以乡村旅游为骨干的扶贫特色产业带初具规模。已建成优质中药材基地 8 万亩，高山蔬菜基地 2 万亩，冷水鱼、黑牛养殖也有了一定的规模。以高山休闲度假为主要特色的农家乐、农庄、家庭旅馆及度假村建设，已达到 268 家，床位 2180 张，直接带动就业人员 1000 余人，仅 6~9 月四个月可接待游客 60 万人次，旅游收入 1226 余万元。初具规模的特色农业产业带配套服务已形成。目前，有高山天然错季蔬菜 2 万余亩，市级农业龙头企业 1 家，直接带动 5000 余户农户，新增产值 1 亿元，农户户均增收 2 万元。有党参、云母香、大黄为主的草本中药材 2 万亩。新增产值 1.6 亿元，带动种植农户 4000 户，户均增收 4 万元。新建 800

亩重庆市级乡村旅游扶贫农业观光园，已吸纳劳动力务工 100 余人，人均月收入 2000 余元，带动周边农户新建农家乐 35 家，已和 30 多农户签订了特色农产品供给合同。

(11) 巫山县乡村旅游扶贫发展概况

巫山县位于重庆东北，地处三峡库区腹心，属亚热带季风性湿润气候区，有优良的生态环境和丰富的旅游资源，非常适合避暑纳凉休闲度假。近年来，重点打造了以望天坪片区为核心的乡村旅游示范区，创建了瓜瓢、中伙、春晓、水库、双月、杨林等 6 个乡村旅游扶贫点，成功举办了"巫山红叶节""江南菜花节""曲尺李花节"等大型节庆活动。目前，2013 年，巫山县共有 15 个乡镇 50 个村开展了乡村旅游，参与农户已达 500 多户，规模型休闲山庄 15 家，星级农家乐达 30 多家，接待床位 3000 余张，提供直接就业岗位 1000 余个，带动就业 3000 余人，接待游客达 20 万余人次，产值近 2 亿元。

巫山县扶贫部门与县旅游局配合，按照乡村的自然资源、文化资源、旅游资源以及不同的乡村特色，制定了 2013～2025 年的《巫山县乡村旅游发展规划》。规划充分体现了乡村旅游扶贫的原则，贫困群众广泛参与的原则、农旅结合的原则。同时，强化措施，增强发展乡村旅游动力。一抓政策奖励，按照发展规划，制定发展的奖励政策，鼓励农户发展乡村旅游，家庭旅馆。二抓政策整合，充分发挥各方面的力量发展乡村旅游，整合农业，水利、交通等资金，改善乡村旅游片区内的水、电、通信等基础设施条件。三抓示范带动，成立乡村旅游扶贫协会或专业合作社，引进实力企业入住，让公司带动农户发展农家乐，以一点带动一面，以一面带动一个片区。另外，巫山县注重共享资源，不断创新乡村旅游发展模式。在规划发展的片区内，按照生态观光农业的发展思路，对山、水、林、田、路、农户进行整体规划，集中打造、整体宣传、统一管理、分户受益的原则。一方面引进有实力的企业与村民合作，村民以集体林地作为宝贵资源，由公司按乡村旅游总体发展规划投入资会，进行道路、景观、休闲步道、标识牌、安全设施等公共设施的建设，建好后，公司与农户共享。农户接待能力的提升，按照"七有、六通、五洁、四化、三所、二好、一分离"的基本标准统一进行改造。由公司统一建设游客接待中心、娱乐健身场所、停车场、休闲步道等公共设施。另一方面是成立乡村旅游协会，负责乡村旅游的对外宣传，联系接待游客，协调接待服务事宜，处理矛盾纠纷，确保服务质量，保证食品安全。在乡村旅游发展中，与村民做到"你中有我，我中有你"，企业发展与农户致富同步，公司利益与农民增收双赢。

巫山县乡村旅游示范区之一望天坪，包括建平乡瓜瓢村、中伙村、春晓村、官渡镇水库村、杨林村、双月村 6 个村，距巫山县城 25～35 公里，皆属市级贫困村。海拔高度 1100～1500 米，森林茂盛，空气清新，风景迷人，气候分明，年平均气温 12℃，最高温度不超过 27℃，是生态旅游、避暑休闲胜地。村容村貌呈巴渝民居和新农村风貌，村级主干道全部硬化、水电方便、通信畅通；烤烟、蔬菜、畜牧、中药材等产业已具规模；学校、卫生、体育活动场所、广播电视、农资小超市、农家书屋等设备设施配套较为完善；民风民俗淳朴，社会治安良好，村民热情好客，其中一部分已有多年从事乡村旅游服务经验。望天坪乡村旅游扶贫示范区共发展接待农户 150 户，其中带动贫困户 80 户，年接待游客达 15 万人次，年收入达 7500 万元。

（12）巫溪县乡村旅游扶贫发展概况

巫溪素有"峡郡桃源"美誉，以"天下第一溪"大宁河风景区为轴线，红池坝国家森林公同和阴条岭自然保护区为东西两翼，构成如雄鹰展翅的 7 大景区（大宁河风景区、阴条岭自然保护区、红池坝景区、宁厂古镇景区、大官山景区、朝阳石林景区、团城幽峡景区）180 多个景点。其中：高山资源赋存丰富，相对夏季炎热的城市是天然的避暑胜地，具备发展乡村旅游得天独厚的优势。

巫溪县通过扶贫开发项目、高山生态移民集中居住点建设等，整合发改、交通、水利、建委、电力、环保、林业、农业等部门项目和资金，改善片区内水、电、路等基础设施，大力发展集观光、体验、游乐、休闲、避暑、购物于一体的牛态农庄和农家乐，扩大乡村旅游接待户规模，打造"两环一线"生态旅游发展带，吸引县内外游客，增强城乡互动，带动农民增收致富。三年来，累计整合投入各类资金 4.28 亿元，其中群众自筹 2.5 亿元，整合各部门资金 1.6 亿元，投入财政扶贫专项资金 0.18 亿元。同时，为了突出地方特色，巫溪县针对各地气候、物产等资源特色，制定发展规划，注重发现民间关食，探索民俗风情，挖掘农耕文化，因地制宜推出了如"栽秧洒""刨猪汤"等类似活动 6 次，增强乡村旅游吸引力。同时，结合农副产品商品开发，培育特色产业。建成特色产业小区 11 个；种植中药材 5000 亩，向日葵 1500 亩；建设山羊种羊场 4 个，示范区养殖山羊 4.5 万只，发展生态黑猪养殖户 22 户，水产养殖 168.5 亩，大宁河鸡 26 万只。

目前，巫溪县辖区行政村获重庆市最佳休闲避暑乡村 5 个，其中观峰村被重庆邮电大学、重庆电子工程学院作为社会实践基地和培训基地。已建成乡村旅游接待户 450 户，接待床位 4217 张，总餐位数 21000 座。2013 年，全县乡村旅游累计接待游客 27.7 万人次，同比增长 32.7%，实现接待总收入 1800 万元，同比增长 26.4%。

4.3 乡村旅游开发对农民权益的影响分析

4.3.1 对农民经济权益的影响

(1) 对农民土地收入的影响

①农民的土地流转意愿。根据实地调研数据分析可知，被调查的农民中有近七成非常愿意或愿意配合乡村旅游开发而流转土地，此外未表示赞同土地流转的农民均为观望态度（见图 4 - 1），说明农民配合乡村旅游开发而流

转土地的意愿较强，多数农民愿意配合。

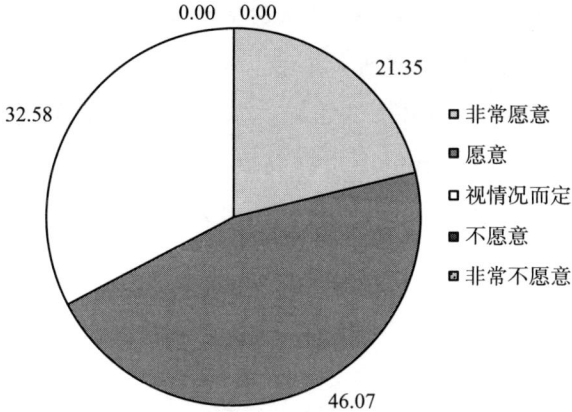

图 4 - 1 农民土地流转意愿（%）

②农民土地流转方式。根据调查发现乡村旅游开发中农民土地流转方式较为单一，主要为租用和反租倒包，平均租金标准分别为 594 元/亩、469元/亩，租用比反租倒包租金略高（见表 4 - 3）。

表 4 - 3   土地流转方式情况

流转方式	比例（%）	租金标准（元/亩）
租用	55. 22	594
反租倒包	44. 78	469

595 位被调查者中，共 415 位被调查者的土地进行了流转，其中只有335 位被调查者签订过协议或合同，仍有一部分农民土地流转时没有签订过协议或合同，土地流转不受法律保护。

（2）对农民收入来源及家庭收入水平的影响

①对农民收入来源的影响。从收入来源变化来看，旅游开发前当地农民收入主要来源为外出打工、在家务农，比例分别为 59.55%、56.18%，其

他收入来源比例较低,收入来源较单一;旅游开发后当地农民收入来源多样化,虽然外出打工比例仍较高达 60.67%,但其他收入来源如出租土地、出租房屋、在景区工作、开农家乐等收入渠道都成为家庭收入的来源,可见旅游开发给当地农民收入来源逐渐多样化。

②对农民家庭年收入水平的影响。从家庭年收入的变化来看,家庭年收入从旅游开发前的 26084 元提高到 34860 元,提高幅度超过三成(见图 4-2 和图 4-3),可见乡村旅游开发一定程度上提高了农民的收入水平。

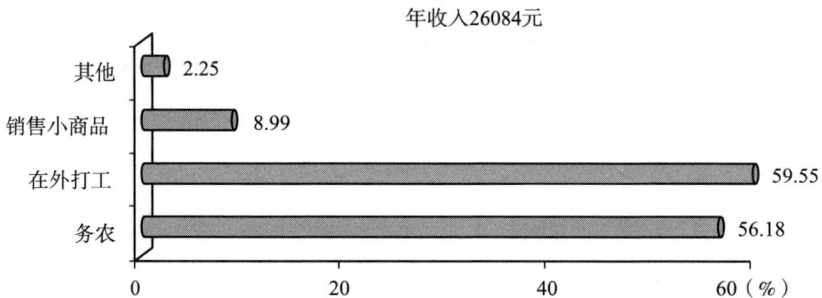

年收入26084元

图 4-2　旅游开发前收入来源及家庭年收入

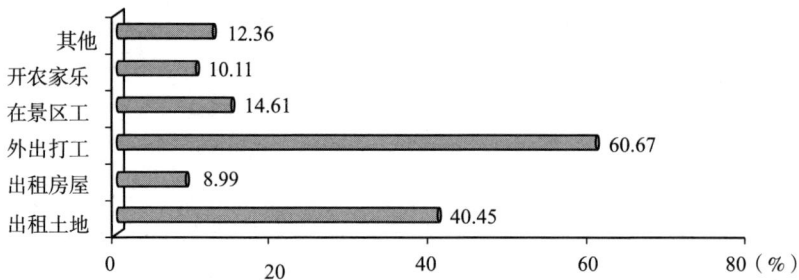

图 4-3　旅游开发后收入来源及家庭年收入

③影响农民家庭收入水平的原因。根据调查,乡村旅游开发前,影响农民家庭收入的最重要因素是农民自身文化水平低;此外,劳动力有限、资金缺乏也是影响家庭收入的较重要因素(见图 4-4)。

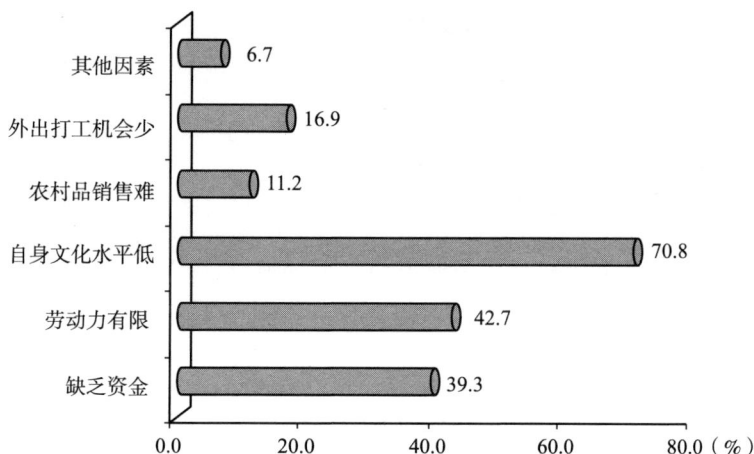

图 4 - 4 影响家庭收入的原因分析

乡村旅游开发后，影响农民获取旅游收入最重要原因仍然是自身文化水平偏低，此外缺乏资金、景区就业机会少是影响农民获取旅游收入的较重要原因。可见，在乡村旅游开发后获取旅游收入需要自身具备一定的文化知识从而可以发现获取乡村旅游收入的机会、一定的启动资金、景区就业机会；土地租金、房屋租金等虽然也是影响旅游收入的因素，但影响作用较小（见图 4 - 5）。

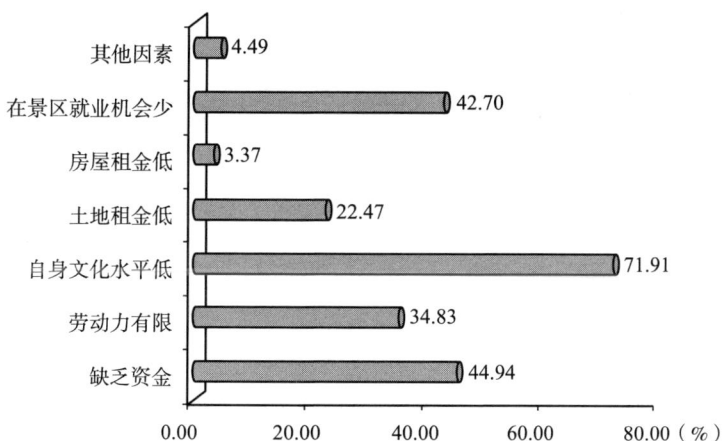

图 4 - 5 影响乡村旅游收入的原因

4.3.2 对农民社会权益的影响

（1）对当地环境的影响

从调查结果来看，乡村旅游开发对当地环境改善有促进作用，有近8成的被调查者认为环境越来越好或有所改善（见图4-6）。

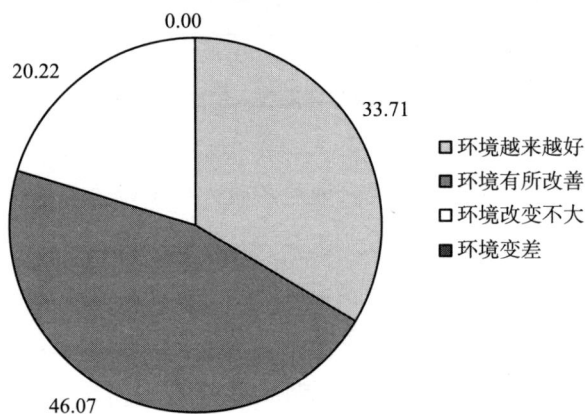

图4-6 旅游开发对环境的影响（%）

（2）对当地民俗文化的影响

乡村旅游开发对当地民俗文化的影响利大于弊，选择旅游开发对当地民俗文化极大促进、有所促进的比例分别为17.98%、49.44%（见图4-7），可见大多数农民认为乡村旅游开发促进了民俗文化的发展。

（3）对农民社会保障的影响

①农民社会保障品种及标准。目前农民社会保障形式一般有社会养老保险、新型合作医疗、最低生活保障和其他保障等。其中，新型合作医疗在抽样区农村普及率较高，达94.38%，但标准偏低仅60元/年；而其他社会保

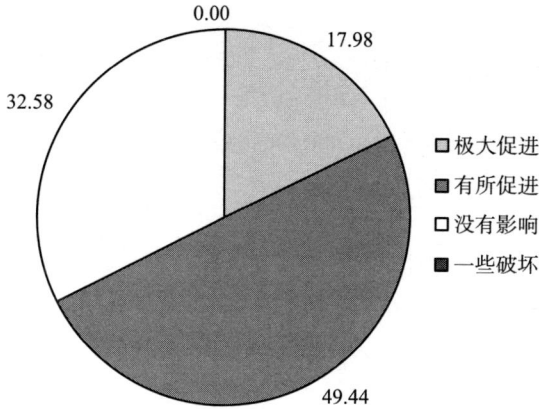

0.00

17.98

32.58

49.44

- 极大促进
- 有所促进
- 没有影响
- 一些破坏

图 4 - 7 旅游开发对民俗文化的影响 （%）

障比例偏低，社会养老保险覆盖率不足半数，且数额较低，为 80 元/月，最低生活保障覆盖比例不足一成（见表 4 - 4），可见当前抽样区农民社会保障品种单一、数额偏低。

表 4 - 4   农民社会保障情况

项目	社会养老保险	新型合作医疗	最低生活保障	其他保障
人数	41	84	8	1
频率	46.07%	94.38%	8.99%	1.12%
标准	80 元/月	60 元/年	—	—

②对农民社会保障水平的影响。在乡村旅游发展后，有 70.79% 的被调查者赞同认为社会保障没有改善（见图 4 - 8），说明农民社会保障水平未得到明显提高，需加大力度提高农民社会保障水平。

（4）旅游就业技能培训参与情况

①乡村旅游就业技能培训宣传不到位。大多数村民对当地是否开展过旅游就业技能培训的情况不了解，这一比重占总调查人数的 44.94%；29.21% 的村民所在地开展过旅游就业技能培训；而没有开展旅游就业技能培训的地

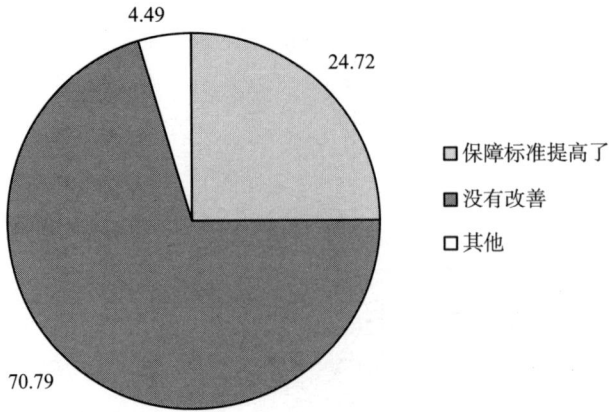

图 4 - 8　乡村旅游开发带来的社会保障改善情况（%）

区也不少，有 25.84% 村民所在地没有开展过旅游就业技能培训（见图
4 - 9）。当地政府部门和旅游开发商应该加强对当地村民旅游就业技能的
培训，为旅游开发服务的同时也造福当地村民，开展培训前应加大宣传力
度让农民充分的获取相关信息。

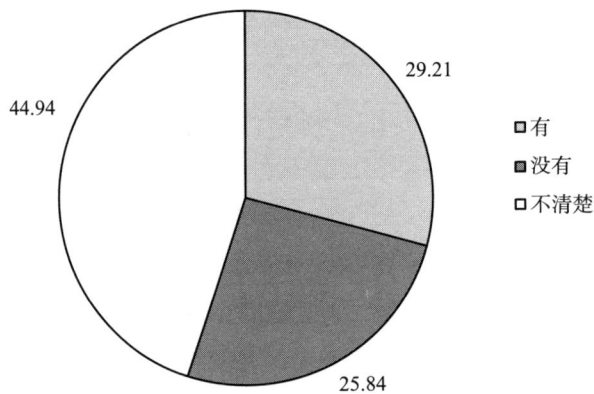

图 4 - 9　旅游就业技能培训的开展情况（%）

　　②村民对旅游就业技能培训的关注不到位。在对村民参加旅游就业技能
培训的调查中，发现大多数村民都没有参加过。调查发现：近 6 成的村民从
来没参加过旅游就业技能培训，这一比重为 59.55%；32.58% 的村民则很

少参加旅游就业技能培训；仅有 7.87% 的村民参加过多次旅游就业技能培训（见图 4 - 10）。一方面政府部门和开发商应该加强开展旅游就业技能培训的力度，加大宣传力度；另一方面当地村民应该积极关注及参加旅游就业技能培训，增加就业机会。

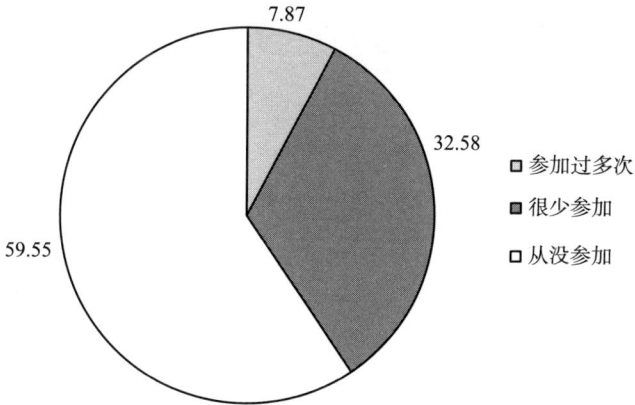

图 4 - 10　村民对旅游就业技能培训的参加情况（%）

③旅游就业技能培训的培训效果比较好。通过对当地旅游就业技能培训的培训效果的调查中发现：约半数的村民认为培训的效果还是不错的，其中有 3.37% 的村民认为培训效果很好，47.19% 的村民认为培训效果比较好；认为培训效果一般的村民也不少，占 43.82%；认为培训没有效果的村民占 4.49%；仅有 1.12% 的村民认为培训效果很差（见图 4 - 11）。总的来说，村民对旅游技能培训效果的评价还是不错的。

4.3.3　对农民政治权益的影响

（1）农民参与开发方案制定的愿意

根据 Likert 五级评分制，从非常不愿意到非常愿意，对应评分为 20、40、60、80、100，得分越高表明其愿意参加旅游方案的制定的程度越高。通过

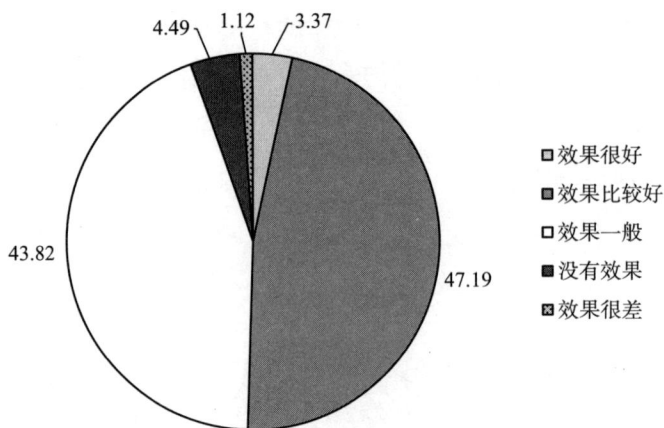

图 4 - 11　旅游就业培训的效果（%）

调查可知，调查中大多数农民比较关注乡村旅游开发方案，并愿意参加制定，其中 19. 10% 的村民表示非常愿意参加乡村旅游方案的制定，46. 07% 的村民愿意参加乡村旅游方案的制定；有 31. 46% 的村民对乡村旅游开发方案的制定表示无所谓；3. 37% 的村民不愿意参加乡村旅游开发方案的制定；基本上没有村民对乡村旅游开发方案的制定表示抵抗（见表 4 - 5）。

表 4 - 5　　　　　　　　农民对乡村旅游开发方案制定的意愿　　　　　　　单位: %

项目	非常愿意	愿意	无所谓	不愿意	非常不愿意
所占比例	19. 10	46. 07	31. 46	3. 37	0

（2）农民参与乡村旅游开发的具体情况

通过调查得知，在乡村旅游开发方案的制定中，约有一半的村民表示没有征求其意见，这一比重占总调查人数的 55. 06%；仅有 25. 84% 的村民在乡村旅游开发方案的制定中被征求意见；19. 10% 的村民对此问题不清楚（见图 4 - 12）。说明在乡村旅游开发方案的制定中，农民的参与权益没有得到保障，农民参与权利被忽略。

19.10

25.84

□ 有
■ 没有
□ 不清楚

55.06

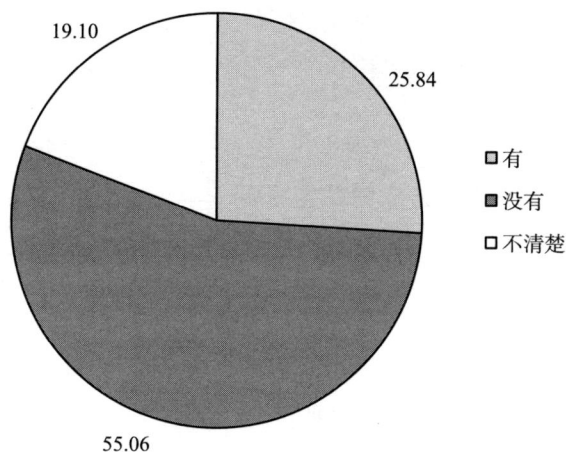

图 4 – 12 乡村旅游开发方案征求意见百分比（%）

通过对乡村旅游开发方案是否经过当地村民会议或村民代表会议表决这一问题的调查中发现，有42.70%的地村民认为乡村旅游开发方案已经通过了当地村民会议或村民代表大会；而26.97%的村民则认为没有通过当地村民会议或村民代表大会；30.34%的村名对乡村旅游开发方案是否通过当地村民会议或村民代表会议表示不清楚（见图4 – 13）。

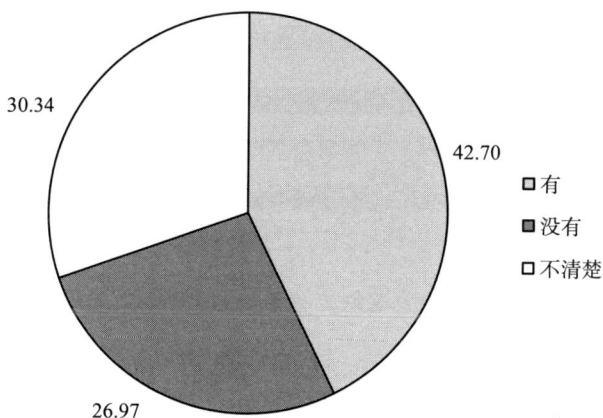

30.34

42.70

□ 有
■ 没有
□ 不清楚

26.97

图 4 – 13 乡村旅游开发方案经过会议表决比例（%）

4.3.4 农民对乡村旅游开发"利""弊"感受

(1) 乡村旅游开发促进农村民生发展

从"利"角度来看,乡村旅游开发使当地交通更便利是被调查者选择比例最高的一项,说明乡村旅游开发首先使当地的交通更加便利;选择乡村旅游开发增加了公共服务设施、改善了居住环境选择比例次之,分别为65.17%、57.30%。此外,生活水平提高、增加就业机会、开眼界、长见识亦有相当比例(见图4-14)。可见,乡村旅游开发促进当地民生的发展,为农民致富提供了便利的条件。

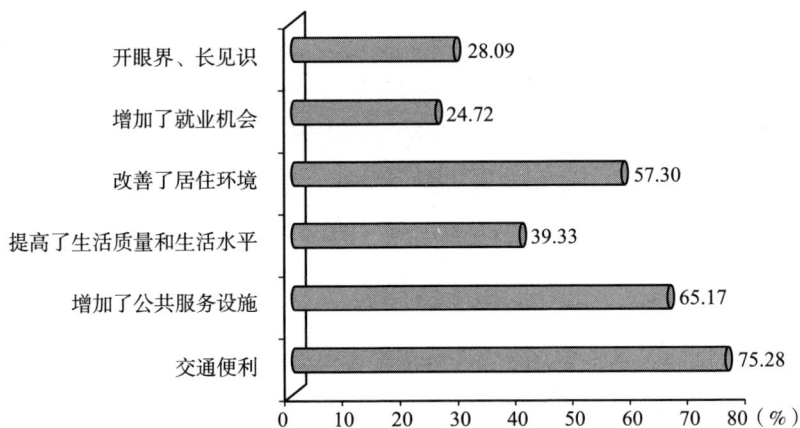

图4-14 乡村旅游开发产生的"利"

(2) 乡村旅游开发使当地农村产生新问题新矛盾

乡村旅游开发促进当地农村民生发展的同时,也为当地农村带来了新问题和新矛盾。近六成被调查者认为,乡村旅游开发给当地农村产生的"弊"为当地物价的上涨;51.49%的被调查者认为所产生的"弊"为贫富差距的加大。此外,利益分配不均造成的恶性竞争比例也接近三成(见图4-15)。

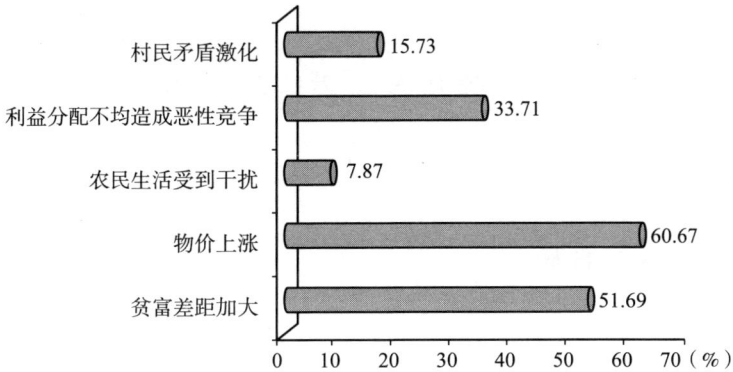

图 4 – 15 乡村旅游开发产生的"弊"

（3）农民的总体感受

由以上分析可以看出，乡村旅游开发促进了当地农村的民生发展，与此同时，由于游客的带动和旅游资源的稀缺性也产生了公平分配利益、物价上涨较快等新问题新矛盾。因此，农民对乡村旅游开发的总体感受情况如下，选择实惠不明显的比例最高39.33%，选择明显感受到实惠的比例最高分别为31.46%（见图4 – 16）。这说明了当前乡村旅游开发给农民带带来了实惠，但实惠不够明显，需加大力度切实提高农民各方面利益，让农民分享到乡村旅游发展的成果。

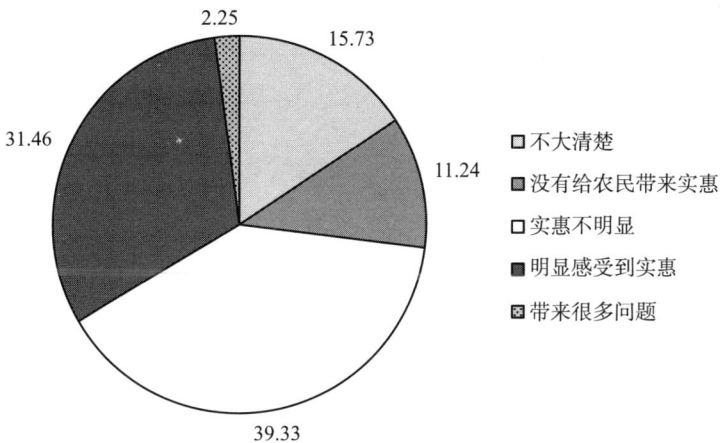

图 4 – 16 乡村旅游开发总体感受情况（%）

4.4 乡村旅游开发区农民的满意度评价

4.4.1 评价模型

本次评价目标是从分析乡村旅游开发后农民经济权益、社会权益、政治权益的影响因素，农民经济权益、社会权益、政治权益的保障的满意度评价为有序多分类变量，共有五种不同程度的评价，即"非常满意""比较满意""一般""不满意""非常不满意"。与此对应，本课题采用 Logit 模型中的多元有序 Logit 模型，选择此模型的原因是被编码为 5、4、3、2、1 的满意度评价结果既是离散的又是有序的。如果采用线性回归则会把各级别间的差异同等对待，但其实这些数字只是一种排列方式而并没有什么重要意义，另一方面，用多类别 Logit 的方法对一个有序因变量进行计量经济学关系的估计，则意味着这些数据的次序性信息被舍弃掉了。因此，本文采用有序 Logit 模型分别分析农民对乡村旅游开发中经济权益、社会权益、政治权益的保障是否满意。

4.4.2 评价方法

考虑到研究目标属于多指标评价、满意度具有一定的模糊性，本文采用模糊评价与层次分析法结合对农民权益保障满意度进行模糊综合评价。模糊综合评价法，是应用模糊关系合成的原理，从多个因素对被评价事物隶属等级状况进行综合评价的一种方法。具体评价步骤如下。

①确定综合评价指标体系。

②确定评语等级论域 V。

$V = (v_1, v_2, v_3, v_4, v_5)$，分别对应与满意度评价的非常满意、比较满意、一般、不满意、非常不满意。

③进行单因素评价，建立模糊关系矩阵 $\underset{\sim}{R}$。

$$\underset{\sim}{R} = \begin{pmatrix} r_{11} & r_{12} & \cdots & r_{1m} \\ r_{21} & r_{22} & \cdots & r_{2m} \\ \cdots & \cdots & \cdots & \cdots \\ r_{n1} & r_{n2} & \cdots & r_{nm} \end{pmatrix} \quad (0 \leqslant r_{ij} \leqslant 1)$$

其中：$n = 14$，$m = 5$，r_{ij} 对应 V 中等级 v_j 的隶属关系，即从单个指标来看，被评价对象为 v_j 等级的隶属度。

将农民对权益保障问题满意度评价选择评语的频率作为建立单因素评价的基础，得到模糊关系矩阵。

④确定评价指标体系指标权重 $\underset{\sim}{A}$。本书的研究采用层次分析法来确定各层指标的权重系数。层次分析法是通过对指标各自的重要程度，建立指标两两对比矩阵后，计算权重向量，最后通过一次性检验确定权重是否合适的赋权方法。模糊评价所确定 $\underset{\sim}{A}$ 是一个模糊子集，即用模糊方法来确定权向量。通过层次分析法确定的权重，并使各级指标权重均通过层次分析法一致性检验。

⑤选择合成算子，将 $\underset{\sim}{A}$ 与 $\underset{\sim}{R}$ 合成得到 $\underset{\sim}{B}$。

本书的模糊评价基本模型为 $\underset{\sim}{B} = \underset{\sim}{A} \circ \underset{\sim}{R}$

模型表示评价指标与被评事物的模糊关系 $\underset{\sim}{A}$ 和评价指标与评语等级间的模糊关系矩阵 $\underset{\sim}{R}$ 进行合成，形成各指标与评语等之间的模糊关系。此处选择模糊算子 $M(\circ, \oplus)$，计算后进行归一化处理。

4.4.3 评价指标体系

（1）指标选取原则

①全面性与简洁性兼顾原则。为了从不同侧面、不同角度反映研究对象的全貌，应当在分析研究的基础上，全面选取反映研究对象的各个方面的指

标；然而由于建模过程中不可能选取所有与研究对象有关的变量与参数，一般选择主要因素忽略次要及不可测度因素。因此，本研究指标选取时，在保证能反映研究目标主要矛盾的前提下，考虑全面性与简洁性兼顾原则。

②代表性与系统性兼顾原则。在指标选取中，应当保持指标体系之间有一定的逻辑关系，而不是杂乱无章的罗列。各指标既要各有侧重，又要相互补充，充分考虑各指标对研究对象各个层次的代表性。农民权益的保障是一个体系的概念，应当充分考虑农民权益的各个方面评价，在逻辑关系清晰的基础上保证各个指标对农民权益不同方面的代表性。

③可操作性与特殊性兼顾原则。选取评价指标不仅应符合评价的目标，更应有数据的支持，可操作性是不可忽视的原则。针对本研究乡村旅游开发中农民权益的农村权益保障的满意度这一特定研究目标，在调查方案设计中就要考虑到调查数据的可获得性和可测度性。此外，由于乡村旅游开发中涉及到土地流转、旅游就业、旅游培训等特殊问题，这就要求本研究的农民权益保障的指标体系要把这些问题考虑进去。

（2）指标选取

为客观、科学地描述乡村旅游开发中农民权益保障的满意度，根据研究目标的特殊性，兼顾全面性与简洁性、代表性与系统性、可操作性与特殊性，指标的选取从以下三个方面展开。

①经济权益指标。主要选取土地流转收入的满意度、旅游收入的满意度、其他收入来源的满意度来反映农民经济权益保障程度。

②社会权益指标。选取民俗文化满意度、社会保障满意度、公共设施满意度、旅游技能培训满意度、物价满意度、环境满意度、利益分配公平性满意度七个指标来反映农民社会权益的保障程度。

③政治权益指标。选取农民对乡村旅游开发方案决策参与的满意度、乡村旅游开发政策的满意度、对乡村旅游开发企业的满意度、对当地村干部的满意度四个指标来反映农民政治权益保障的程度。

农民的权益是一个体系，不能割裂，要保护农民权益，就必须完整实现这些权利。本书基于以上指标选取构建完整的农村权益保障的满意度评价指标体系，其中，一级评价指标，即目标层为农村权益保障满意度；二级指标为政治权益、经济权益、社会权益方面，即准则层；三级指标即指标层包括以上所述的土地流转收入的满意度、旅游收入的满意度、其他收入来源的满意度、民俗文化满意度、社会保障满意度、公共设施满意度、旅游技能培训满意度、物价满意度、环境满意度、利益分配公平性满意度、农民对乡村旅游开发方案决策参与的满意度、乡村旅游开发政策的满意度、对乡村旅游开发企业的满意度、对当地村干部的满意度共 14 个指标（见表 4–6）。

表 4–6　　　　　　　　　　　　　农民满意度指标体系

目标层	准则层（A_i）	指标层（A_{ij}）
农民满意度	经济权益 （$\alpha_1 = 0.540$）	土地流转收入满意度（$\alpha_{11} = 0.413$）
		旅游收入满意度（$\alpha_{12} = 0.385$）
		旅游外收入满意度（$\alpha_{13} = 0.202$）
	社会权益 （$\alpha_2 = 0.296$）	民俗文化满意度（$\alpha_{21} = 0.063$）
		社会保障满意度（$\alpha_{22} = 0.144$）
		公共设施满意度（$\alpha_{23} = 0.213$）
		旅游就业技能培训满意度（$\alpha_{24} = 0.087$）
		物价影响满意度（$\alpha_{25} = 0.186$）
		环境满意度（$\alpha_{26} = 0.202$）
		利益分配公平性满意度（$\alpha_{27} = 0.109$）
	政治权益 （$\alpha_3 = 0.164$）	决策参与权（$\alpha_{31} = 0.286$）
		对开发政策满意度（$\alpha_{32} = 0.317$）
		对开发企业满意度（$\alpha_{33} = 0.213$）
		对村干部满意度（$\alpha_{34} = 0.184$）

4.4.4 满意度评价

（1）满意度频率

根据上述评价方法，建立模糊关系矩阵 $\underset{\sim}{R}$，得到农民对乡村旅游开发中权益保障满意度的频率（见表4-7）。

表4-7 农民满意度的频率 单位：%

满意度指标	非常满意	比较满意	一般	不满意	非常不满意
土地流转收入满意度（A_1）	13.26	15.27	27.22	35.22	9.06
旅游收入满意度（A_2）	8.43	24.22	28.22	24.78	14.35
其他（旅游外）收入满意度（A_3）	8.22	11.33	20.11	45.24	15.10
民俗文化满意度（A_4）	16.86	18.77	45.22	15.36	3.82
社会保障满意度（A_5）	10.78	19.24	30.44	22.17	17.37
公共设施满意度（A_6）	26.77	24.30	30.26	10.18	8.49
旅游就业技能培训满意度（A_7）	3.11	11.22	17.22	48.17	20.28
物价影响满意度（A_8）	8.18	11.43	22.77	39.18	18.44
环境满意度（A_9）	30.18	24.27	38.44	4.22	2.89
利益分配公平性满意度（A_{10}）	4.27	14.25	23.22	38.76	19.50
决策参与权（A_{11}）	8.22	16.24	25.92	31.67	17.95
对乡村旅游开发政策满意度（A_{12}）	9.25	13.82	27.13	30.54	19.26
对乡村旅游开发企业满意度（A_{13}）	13.87	21.44	25.33	34.13	5.23
对村干部满意度（A_{14}）	13.11	12.14	30.11	26.15	18.49

（2）指标权重

通过层次分析法计算确定的权重如表4-6所示，各级指标权重均通过了层次分析法一致性检验。

其中目标层权重 A = （0.540，0.296，0.164）。

准则层（A_i）权重 A_1 = （0.413，0.385，0.202）。

A_2 = （0.063，0.144，0.213，0.087，0.186，0.202，0.109）；A_3 = （0.286，0.317，0.213，0.184）。

（3）评价结果

①二级指标模糊综合评价：分别计算经济权益、社会权益、政治权益的模糊合成算子，可得 $\underset{\sim}{B_1} = \underset{\sim}{A_1} \circ \underset{\sim}{R_1}$ = （0.104，0.179，0.262，0.332，

0.123); $\underset{\sim}{B}_2 = \underset{\sim}{A}_2 \circ \underset{\sim}{R}_2 = (0.167, 0.186, 0.296, 0.228, 0.124)$; $\underset{\sim}{B}_3 = \underset{\sim}{A}_3 \circ \underset{\sim}{R}_3 = (0.104, 0.153, 0.271, 0.305, 0.167)$。

②一级指标模糊综合评价：$\underset{\sim}{B} = \underset{\sim}{A} \circ \underset{\sim}{R} = (0.122, 0.177, 0.273, 0.297, 0.131)$。

根据模糊评价方法最大隶属度原则，重庆市农民对农村旅游开发中自身权益保障程度综合表现为"不满意"。其评价结果与实地调查情况相符。单独从经济权益、社会权益、政治权益的保障情况来看，经济权益和政治权益的满意度为"不满意"，社会权益保障的满意度为"一般"。

为使各指标满意度水平的比较变得更加直观，计算各项指标的满意度均值。分别将"非常满意""满意""一般""不满意""非常不满意"赋值为5、4、3、2、1，满意度均值为各项指标的加权平均值。以各指标满意度得分为纵坐标，各指标占评价目标的权重为横坐标，构建农民权重满意度的认知见图 4 – 17。

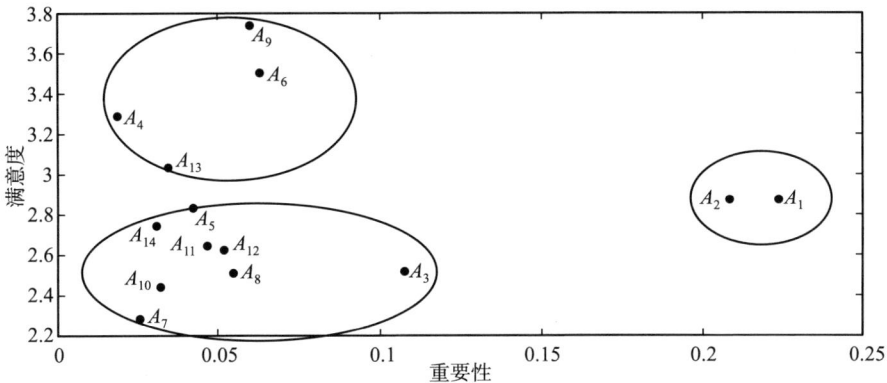

图 4 – 17 农民满意度均值

由图 4 – 17 可知，A_4、A_6、A_9、A_{13}满意度得分较高，即农民对乡村旅游开发中民俗文化的保护（A_4）、对公共设施的建设（A_6）、环境影响（A_9）及对开发企业的满意度（A_{13}）较高；农民对土地流转收入（A_1）与旅游收入（A_2）的满意度得分不高，处于 $2.8 \sim 3.0$；除此之外剩下几个指标，包括权重相对较高的其他（旅游外）收入（A_3）的满意度得分均较低。满意度较高的 A_4、A_6、A_9、A_{13} 由于权重相对较低，对综合评价的结果影响较小，权重较高的 A_1、A_2 和 A_3 的满意度得分较低是拉低综合满意度得分的最重要原因。

（4）评价结论分析

从以上关于农民在乡村旅游开发中自身的权益保障满意程度的分析结果可以看出，在乡村旅游开发过程中，农民对土地流转收入、旅游收入不太满意，对相关社会保障、利益分配、旅游引起物价上涨等不满，对乡村旅游开发对民俗文化的保护、对公共设施的建设、环境影响等满意度较高。说明重庆乡村旅游开发较注意民俗文化、环境的保障和公共设施的建设，对农民土地流转、旅游收入分配、社会保障等方面的模式、机制及制度建设方面还有待加强或创新。也可以看出，农民普遍对土地财产权益、旅游收入及其他经济权益最为看重。因此，在农民权益的政治、经济和社会权益体系中，首先应该保护农民的经济权益。从理论上讲，经济基础决定上层建筑，农民的经济地位决定农民其他方面的地位，也就是说农民的经济权利是核心权利，是其他权利的基础。从对乡村旅游开发区的现实调查结果来看，在乡村旅游开发中农民的经济权益也是更容易被剥夺和侵犯，诸如农民的土地权益被侵犯、市场主体地位被剥夺、被强加各种费用负担等现象比比皆是。因此，在乡村旅游开发过程中切实保障农民的经济权益最为必要和迫切。当然，在乡村旅游开发过程中农民权益的受损，绝非纯经济权益受损，还包括非经济权益的流失。农民除了应享有乡村旅游开发带来的经济收入以外，还应当享有相关的政治、社会等诸多方面权益。而政治是经济的集中表现，只有维护好农民政治权益，使农民在乡村旅游开发过程中享有相应的决策参与权，才能从根本上维护农民经济权益。

4.4.5 满意度影响因素分析

以上对乡村旅游开发中农民权益保障满意度进行了模糊综合评价，发现农民对权益保障情况为"不满意",下文将继续探索在乡村旅游开发中农民权益保障的影响因素,以期为提高农民权益保障水平提供实证基础。

(1) 经济权益、社会权益、政治权益满意度相关性分析

采用 SPSS17.0 软件对 14 个满意度指标进行相关性分析,在 5% 显著性水平下显著的相关关系如表 4 – 8 所示。

表 4 – 8 相关性分析

	土地流转收入	旅游收入	旅游就业技能培训	利益分配公平性	决策参与权	乡村旅游开发政策
土地流转收入	1.000					
旅游收入	0.662**	1.000				
旅游就业技能培训		0.893***	1.000			
利益分配公平性	0.797***	0.618**	0.422*	1.000		
决策参与权	0.465**		0.521*	0.738***	1.000	
乡村旅游开发政策	0.578**			0.810***	0.682**	1.000

注:1. * 表示在 10% 显著性水平下显著,** 表示在 5% 显著性水平下显著,*** 表示在 1% 水平下显著。

2. 表中对角线左下方空白处表示未通过相关检验;对角线右上方与左下方对称也未列出。

从相关性分析结果看,农民土地流转收入与利益分配的公平性、决策参与权、乡村旅游开发政策相关性均较强;而旅游收入则与旅游就业技能的培训、利益分配公平性存在显著相关关系。相关分析说明,无论土地流转收入还是旅游收入都与利益分配的公平性密切相关;土地流转收入还与决策参与权和开发政策密切相关。可见,利益分配的公平性、决策参与权、旅游开发政策不仅是保证农民社会权益和政治权益的基础,同时也直接影响农民经济权益的保障。即在乡村旅游开发中,要保障农民的土地流转收入、旅游收入首先应该保障政策的公平性和农民的参与决策权。真正让农民在乡村旅游开发中受益需要政策的公平性和透明化,还需加大力度提高旅游就业技能培训的数量和质量,积极为农民提供旅游就业岗位。

(2) 不同背景农民权益保障情况差异性分析

笔者在实地调研和访谈中，还发现不同背景的农民权益保障情况存在着差异。为了更有针对性的提高农民保障水平，首先对 595 分样本进行聚类分析，采用 K-means 聚类分析法，聚类结果见表 4-9。

表 4-9   **不同类别农民基本背景信息**

类别	基本背景信息特征
聚类 1	样本数 397，占 66.72%，男女性别比 1.08，家庭最高文化程度高中以上文化程度 18.33%，初中文化程度比例 43.78%，距离旅游中心 5~10 公里比例最高达 42.11%，年龄在 30~40 岁最高达 39.33%，收入来源以务农和打工比例最高，分别占 62.33%、34.48%
聚类 2	样本数 117，占 19.67%，男女性别比 0.59，家庭最高文化程度高中以上文化程度 13.33%，距离旅游中心 5~10 公里比例最高达 37.11%，年龄在 40~50 岁最高，达 34.57%
聚类 3	样本数 71，占 11.93%，男女性别比 1.15，家庭最高文化程度高中以上文化程度 7.80%，小学以下文化程度者比例最高达 45.11%，距离旅游中心 5~10 公里比例最高达 47.27%，年龄在 50 岁以上比例超过一半
聚类 4	样本数，占 4.70%，男女性别比 3.67，家庭最高文化程度大专以上文化程度 43.33%，距离旅游中心 5 公里以内比例最高 53.57%，年龄在 40~50 岁最高达 53.57%，收入来源以旅游收入为主比例占 71.43%

根据聚类分析的基本背景信息特征的描述发现可知，聚类 1 可以定义为普通农民群体，该类群体与总体特征差异不大，基本以中青年为主，男女比例平衡，距离旅游中心距离适中；聚类 2 可以定义为中年妇女农民，女性比例明显高于男性，该类与第二类其他特征差异不大，但值得注意的是，该类群体在选择利益分配公平性满意度上选择不满意和非常不满意的比例分别达 54.22%、21.55%，决策参与权满意度不满意和非常不满意比例也达 48.39%、23.45%，说明该类群体对农民保障情况更加不满，尤其是利益分配的公平性和决策的参与权上；聚类 3 明显特征为年龄在 50 岁以上比例高，超过一半，定义为老年群体，老年群体满意度得分比总体差异较大的是物价

影响的满意度，不满意和满意比例分别达 36.42%、28.33%，说明该群体对旅游开发中的物价上涨颇为不满；聚类 4 定义为既得利益者群体，该群体占样本比例最少，仅 4.70%，该类群体具有文化程度高、年龄以中年为主、距离旅游中心近、男性比例突出等显著特点，从该群体满意度评价结果来看，该类群体土地流转收入、旅游收入满意度评价以满意和非常满意为主，但对利益分配仍然持不满意态度居多。

通过聚类分析发现，乡村旅游开发地区不同背景农民权益保障情况有明显差异，具有较高文化程度的中年男性群体从旅游开发中分享了开发的成果，而大多数农民并未真正受益。乡村旅游开发中农民权益的保障应该首先保证利益分配的公平性和决策参与权，在此基础上再对特殊群体进行适当补贴，开发中注重公平性，更要有人道主义，应关注老年群体、妇女群体的态度和情况。

4.5　乡村旅游开发中农民权益受损问题及原因分析

4.5.1　乡村旅游开发中农民权益受损问题

从以上调查与分析可知乡村旅游开发中农民经济权益、社会权益与政治权益均有不同程度的受损，基于乡村旅游开发的性质和特点，主要表现为以下几个方面。

（1）农民的土地财产权益没有得到有效保障

据调查，当前农民配合乡村旅游开发而流转土地的意愿较强，而土地流转方式较为单一；多数农民具备土地流转中的保护意识，但仍有近两成农民在土地流转时没采用法律手段保护自己的权益；农民对土地流转收入满意度较低，农民土地权益受损主要表现在以下几个方面。

①土地收益的主体地位被忽略。土地是乡村旅游发展的重要载体，也是农民"安身立命之本"。在乡村旅游开发过程中最基本的合约就是土地要素合约，农户是土地实际占有者和使用者，而且农民享有土地保障。在土地流转合约的谈判中，分散、弱小的农户与公司、企业的谈判地位完全不同。公司、企业在与农户的谈判中具有明显的优势地位，在大多数情况下农户由于别无选择而只能被动地接受公司、企业提出的要求。据调查大部分农民表示，在价格合理的情况下他们愿意将土地进行流转，但景区内土地的流转基本上都没签订合作协议或流转合同，随意性较大，农民土地收益的主体地位被忽略。

②土地收益权的忽略。一方面，土地流转后，农民所得转包费和租金等土地经营权流转收益，与农民自己种粮的收益相比会有所提高，但是与种粮大户和经营土地的公司所得相比太少，根本无法体现土地价值，显然是对农民土地权益的一种损害。另一方面，采用的经营模式和土地流转方式——反租倒包也存在对农民权益的损害，先是集体组织把农民土地租过来，再以农民名义与其他农业经营者签订合同，由于农民与集体组织间信息不对称，集体组织从中获取租金差额致使农民所获得的土地收益很有限。而且将原来用于种植其他农产品的土地用来发展乡村旅游，农产品的产量减少，景区没有给农民的这部分损失进行弥补。

③土地延伸的权益保护得不到保障。在我国，农村土地不仅是农民从事生产的最重要的生产资料，也是农民收入的主要来源，更是农民医疗、养老和就业的保障。而在乡村旅游开发项目的土地流转中，大部分都没有充分考虑土地的社会保障和就业功能。一是土地流转收益中的租金中，没有包含这部分农民土地延伸的权益；二是随着土地的流转，土地集中程度越来越高，但所能接纳劳动力越来越少，造成农民既失地又失业。据统计我国每年有200万~300万农民失去赖以生存的土地，完全失去土地或部分失去土地的农民人数已高达4000万~5000万人，其中有30%左右处于无业或离岗状态。

（2）农民受益主体地位没有得到充分保障

调研发现，目前乡村旅游中存在利益分配不公，广大村民利益得不到充分保障的问题。从旅游区发展实际情况来看，乡村旅游发展中当地村民比较关注的问题是自己能否参与其中，主要体现在就业、经营及收益方面。由于受旅游地竞争、自身旅游资源等因素的影响，大多数乡村旅游地的游客量有限，不可能容纳全部的村民参与旅游经营，一般处于景区核心位置、拥有较多资产和技能的人会获得更多的旅游收入。由此以来，加剧了农村地区的贫富差距，容易引发社会矛盾。景区内或靠景区比较近并且接待设施和服务水平高的经营者，由于位置好、投资能力强、信息灵通而获得了更多旅游收入。而处于贫困状态的弱势群体由于资金投入等方面先天缺陷，参与性较差、分享旅游成果较少。同时，随着乡村旅游进一步发展，旅游者对乡村旅游的接待服务水平提出了更高要求，需要更大的资金投入和更高的经营管理水平，这无形又提高了贫困群体的进入门槛。

另外，大规模旅游开发所需要的资金实力、管理能力和市场渠道等都是乡村所匮乏的，通常要靠外界输入。而外界资金、人才的大量进入，不仅会形成收入、就业机会的严重漏损，而且会削弱乡村旅游的本土性，使当地农民在乡村旅游发展中面临被边缘化的危险。甚至有的时候，大部分收益都被外来投资者拿走，余下的收益也主要被当地政府占有，村民得到的很少。在很多情况下，本地农民不但不能从乡村旅游发展中获取更多利益，相反还要承担旅游发展产生的环境污染、物价上涨、交通堵塞等负面影响。在这种的状态下，当地农民即使在旅游景点就业，也只能担当绿化、养殖、保安、服务等收入较低，社会地位较低的工作。并且可能受到来自城里的管理人员和来自外地的务工人员的双重挤压，这导致许多村民对于乡村游发展的热情不高，甚至还有强烈抵触情绪。

（3）农民的环境权益受到侵害

农民环境权由于其主客体的特殊性使得它与其他权利有着明显的区别，这一特殊性容易导致乡村旅游开发当中的农民环境权益受到了漠视。

首先，乡村旅游开发中的农民环境权益科学全面的理念应该是包括了实体和程序上的利益，主要可以分为农民环境资源使用权、环境知情权、环境参与权和环境侵害请求权。农民环境资源使用权主要包括日照权、安宁权、土地使用开发权、山林使用开发权、水体安全权、清洁空气权等。而农民环境权受到的侵害是发生在实体与程序双方面的。目前还没有哪一项法律包含关于农民环境权的全面、科学的规定，这就使得乡村旅游开发中侵害农民环境权的行为变得合法了，农民环境权益实际上处于无法可依的状态。

其次，在农民实体环境权方面，主要包括日照权、安宁权、土地使用开发权、山林使用开发权、水体安全权、清洁空气权等，可以说这些权利的实现范围和程度直接决定了农民实体性环境权利的享有状况，而这些权利又是在阳光资源、水资源、土地资源、大气资源等自然资源的基础上建立起来的，因此农村自然环境资源的良好管理和保护是农民实体性环境权利实现的前提和基础。而在乡村旅游开发过程中，农村环境污染越来越严重，结果是农民的实体性环境权利正在或已经遭受严重侵害。开发的过程本来就是一个先破坏再建立的过程，在破坏的程序里充斥着废物产生的环节，产生的废物由何人处理、在何地进行处理、用何种方式处理都没有具体的规定进行严格规制，而建立更是一个工业化的过程，工业原料的引入、工业垃圾大量的产生都是不可避免的现象，随着乡村旅游开发的规模化进行，工业化产生的大量废弃物注入农村，当对环境的污染超过自然生态系统的自净能力极限，那么就会对农民的生命权和健康权造成严重的威胁，而从目前乡村旅游开发的情况来看，如果不进行规制，污染会越来越重，最终后果是农村生态系统的崩溃。另外，乡村旅游开发实质还是一项工程，要投入大量的人力物力，工程量和规模化的程度都比较高，这就导致了农民的生活受到了滋扰，安宁权遭到了侵害，而这种侵害必须要有限度，必要的时候还应当作出相应的赔偿，但实际上在乡村旅游开发的过程中，农民生活安宁权受到侵害的情况是普遍发生的，并且侵害的限度很难通过法规或制度进行规制和控制，同时对于造成的侵害，农民也是得不到相应赔偿的。

（4）农民决策参与权被忽略

农民决策主体地位被忽略突出表现在乡村旅游开发中农民的知情权、话语权及监督权受到侵害。乡村旅游开发中的农民知情权、话语权及监督权就是农民亲身参与到乡村旅游开发当中，拥有知情的权利，能做到对于乡村旅游开发的情况和进展的知悉，并且在此过程中依法拥有各项请求权，当乡村旅游开发中的农民权益不能够得到保障的时候，农民可以利用自身的监督权及请求权去发起复议和申诉，从而保护自己的权利。

本项目调查发现，在乡村旅游开发方案的制定中，约有一半的村民表示没有征求其意见，这一比重占总调查人数的55%，仅有25%的村民表示乡村旅游开发方案制定曾征集过意见，20%的村民对此问题不清楚。说明在乡村旅游开发方案的制定中，农民的决策参与权益没有得到有效保障。通过对乡村旅游开发方案是否经过当地村民会议或村民代表会议表决这一问题的调查中发现，有40%的村民认为乡村旅游开发方案已经通过了当地村民会议或村民代表大会，而27.5%的村民则认为没有通过当地村民会议或村民代表大会，32.5%的村民对乡村旅游开发方案是否通过当地村民会议或村民代表会议表示不清楚。据了解，从2011~2012年经营模式的转变，也没有征求农民的意见，农民的决策参与权被忽略，农民在景区开发中始终处于被动地位，缺少谈判能力。

在知情权和话语权残缺不全的情况之下，宪法赋予农民的监督权就更显得苍白无力了，此现象普遍的存在于乡村旅游开发中，例如在征地的过程中，由于制度的安排，征地事务一般是不会公开的，农民对于开发征地的事宜并不了解，同时农民还缺乏参与到开发征地当中的话语权，那么农民的监督权实际上是缺位的，而知情权、话语权及监督权的缺位就能够解释乡村旅游开发当中农民权益受损却不能通过司法途径来救济这一现象的原因了。

4.5.2 乡村旅游开发中农民权益受损的原因分析

在乡村旅游开发中造成农民权益受损的原因是非常复杂的，既有历史的原因，也有现实的原因；既有政治方面的原因，也有经济、文化等方面的原因。归根到底，相关体制、机制不健全，是农民权益受损的根本原因。

（1）现行法律制度的缺陷、法律体系不健全和不依法办事是农民利益受损的根本原因

一是法律体系所界定的集体土地主体模糊和不同法律规定的不统一、主体代表法律地位不明确、权利和义务不清，也表现在实践中操作上的多样性，导致集体所有权权能残缺和农民土地财产权的缺失，致使农民土地财产权不断遭到来自政府、村委会、企业等势力的剥夺和侵犯。二是法律上界定的土地二元征用制度和按照被征收土地的原用途给予补偿的安排，为土地财政、违法征占、侵犯农民土地权益造成了可乘之机。三是规范土地流转、保护农民利益的法律体系不健全。目前尚无专门规范农村土地流转财产关系的法律法规。如集体内部农民享有土地的实物财产权还是价值财产权或者两者统一，农村土地使用权转让中的主体地位、权利义务、受让人资格是否限定、是否可以再转让等，均无法可依。四是基层干部政策意识超过法律意识，执行中有法不依是其侵蚀农民利益的思想根源。

（2）权力配置失衡和政府职能错位导致农民利益受损

目前我国行政系统的制度安排使各级行政部门拥有几乎不受制约的权力，导致政府在与村委会、农民的利益博弈中，村委会和农民处于绝对的弱势地位，农民在与村委会利益博弈中，农民又处于绝对的弱势。由于农民权利的脆弱政府权力的强大和民主不健全、法制不完善以及政府职能错位，导致行政权侵犯财产权，使农民遭受利益损失。

（3）我国特有的农村土地产权制度及流转制度是农民失去土地权益保障的基础条件

土地是乡村旅游发展的重要载体，也是我国农民"安身立命之本"，乡村旅游的快速发展必然带来旅游用地需求的急剧膨胀，在酌情满足乡村旅游用地需求过程中存在诸多侵害农民土地权益的现象。究其缘由主要在于我国农村土地制度存在诸多问题。具体表现在：一是我国农村土地制度设计上的偏失。现有的土地产权划分为城市土地（国有土地）和农村土地（即集体所有土地），集体所有和国有土地的法律权利不同，存在"两种产权，两个市场"，要获取乡村旅游用地其中一种方式是通过征收，首先将集体用地转化为国有，才可以进入土地市场。由于农村土地产权的残缺性，使被征地农民利益的维护状况直接取决于国家的征地补偿规定。二是农村土地制度供给不足。正是由于我国征地制度的造成了大量失地农民问题，为了实现农民"持地"开发，各地开始探索通过其他流转方式，但农村土地产权制度、农村土地流转制度等供给不足，造成农民土地在流转过程中由于得不到强有力的制度保护而损失土地权益。三是农村土地制度创新滞后。相对于乡村旅游的快速发展来说，我国的农村土地制度创新相对滞后，出现了一些不能适应新的时代发展需要贱农、伤农的制度，从而在一定程度上进一步加重了农民权益的制度性流失。四是征地补偿制度的不合理使得失地农民无法得到应有的补偿，现行的土地补偿政策已经造成很多失地农民失业。五是土地出租、转包中利益冲突激烈。村干部仗着所有者代表的身份，以规模经营为借口搞硬性流转，但因对土地出租缺乏正确估价导致农户利益受损；村干部以利益补偿不合理在合同期内终止集体出租土地合同导致利益纠纷；转包方或接包方出于经济目的在合同期内终止合同导致利益纠纷。五是土地产权不清晰导致收益分配纠纷。一旦发生违法事件，其责任也将难以追究。首先，应让农民真正享有土地所有权，防止当地政府随意侵害农民的土地权益。在当前的情形下，政府迫切需要加强农村土地确权登记发证工作。农村集体土地确权登记发证工作，是维护农民权益、促进农村社会稳定的迫切需要，也是落实最严格耕地保护制度和节约用地制度、提高土地管理利用水平、促进农村土地正常流转的客观要求。其次，要为农民的土地权利提供有效的司法救济。目前，很多政府出于经济发展的考虑，为达到旅游开发等商业目的时随意征用农村集体土地，侵犯农民的土地使用权，剥夺农民的土地增值收益。因此，应加大对侵犯农民土地权益违法行为的查处和惩治力度，合理补偿农民遭受的经济损失，保障农民的正当权益。

在多地项目开发中，由于处于发展初期，乡村旅游的价值有限，目前只能通过旅游者的消费获取收入。而在这一获益方式中农民所得主要通过土地出租和在景区工作服务取得，由于在景区工作服务所得有限，农民对土地所得更为敏感和关注。在我国的土地制度中，由于集体土地产权模糊，农民享有的只有承包经营权，其土地产权具有非完整性。农村土地流转过程中又缺乏相应的法律法规约束，土地在流转随意性很大，农民的土地权益往往得不到有效保障。另外，政府主导的开发模式也易导致旅游开发的大部分收益由政府和开发企业所得，而使农民成为旅游开发的旁观者，很难享受到旅游开发成果，却还要承担旅游开发带来的诸多不良后果。因此，农村土地产权制度、土地流转的随意性、旅游资源的国有化等相关体制、机制不健全，是农民权益受损的根本原因。

（4）农民专业合作组织缺失，弱化了其对农民权益的保护能力

合作经济是一种全球性的经济现象，在众多的经济组织形式中，合作经济独特的制度安排和运行机制，成为人们尤其是弱势群体通过互助达到自助的一个重要手段。农民专业合作组织是农民参与和开展与农民生产生活有关的各种社会活动，追求和实现自身权益的重要途径，是维护农民权益的一支重要的社会力量。2007 年《中华人民共和国农民专业合作社法》的颁布和实施对于我国的农民专业合作社的发展起到极大促进作用。但目前我国农民专业合作社主要集中于种植业、养殖业领域，乡村旅游专业合作社还处于初级发展阶段，虽然我国现代乡村旅游的发展已近 30 年的时间，但专业合作社却是发展中的新生事物，还存在着形式单一、组织规模小、实体发育不足、经济实力薄弱等问题，难以发挥其在乡村旅游开发中维护农民经济利益的作用。这也是导致乡村旅游开发中农民权益流失的主体因素之一。

在乡村旅游开发中要充分保障农民的权益，使农民可以与政府、企业通过谈判达成合作，农民与农民之间先必须达成长期合作，形成合作组织。但现在的问题是改革开放以来，中国农村的开发程度和农民的流动性不断增加，中国的农村已经不是封闭的农村，越来越多的农民有更多更好的外部发展机会，可以获得比在农村合作组织更加多的资源和更加高的收入。因此，

农民之间的合作越来越困难。但农村的城镇化和农民的市民化是一个长期的历史过程,农民不可能全部离开农村,很多农民也不得不留在农村。因此,在我国的农村,一部分农民或者说一定的时间范围内,农民仍然有加强组织、增强谈判能力的需求,农民之间的合作或者联合的动力仍然十分强烈。

(5) 农民自身素质欠缺及主体意识薄弱制约农民权益的实现

在乡村旅游开发中农民受损的根本原因之一在于农民自身的素质较低,缺乏市场意识、权利意识、自主意识、民主意识、创新意识,使其在乡村旅游开发中无法参与乡村旅游规划、决策,经济分配,文化保护等活动中,只能被动地接受政府及其他社会力量的安排,没有自我保护的能力,甚至没有参与的自觉性和积极性。具体表现在:一是农民的法律素质普遍较低,对国家的法律法规和相关制度缺乏全面的了解,对自己应当享有的权利缺乏清醒的认识,当自身的权益受损时,往往浑然不知,或者束手无策,依法维权的意识和能力较弱。二是农民的政治素质较低、政治参与能力不强,对国家的各种制度和政策缺乏清醒的认识,利益表达和利益诉求能力较弱,制约了农民通过制度化的途径对自身权益的追求。三是农民的科学文化素质较低、自我发展的能力不强,制约了其利用现代科学技术追求自身权益的能力,致使其持续维权的动力和能力不足。

从受访者文化程度及家庭最高文化程度来看,大部分农民受教育程度较低,虽在权益受损时感到不满,但又没有较高的维权意识。被调查的 40 户均参与了土地流转,但基本上都没签订合作协议或流转合同。另外,由于专业知识的欠缺,也很难参与到旅游开发的决策中去。

(6) 我国乡村旅游发展初期开发模式不完善使农民长远利益难以实现可持续

在我国乡村旅游发展初期,更多的是从经济视角来看待乡村旅游的开发,其焦点较多集中在"旅游业发展和欠发达地区整体经济增长"上,对旅游扶贫中一些较深层的主题——如何使农民获得持久的发展欠缺系统研究。因此，许多开发模式的选择不能适应当地的情况，不能协调乡村旅游地各相关者的切身利益，尤其是没有照顾到旅游资源的创造者和重要载体——农民的长远利益，甚至剥夺了他们表述自己利益的权利和参与乡村旅游开发的权利，最终必将导致社会矛盾与冲突，极大制约了乡村旅游的发展，也给乡村和谐发展带来诸多不确定的因素。

我国的乡村旅游发展模式，尤其是发展初期，一般采用外源式开发模式，即由外来企业或委托政府援助开发。外源开发模式以追求经济增长为目标，是一种"输血式""嵌入式"的理念，过度简化了乡村结构的多样性，并且容易忽略公平、生活质量、生态保育与文化保存等非经济层面的重要性，特别是忽略了农民在乡村旅游开发中的积极性、主动性和创造性。乡村旅游的外源式发展，其发展干预是外在的，对农村社区只能起到辅助作用，要想实现农村社区的真正可持续发展，其动力只能来自社区内部，来自于社区的人口——农民。因此，要实现农民的可持续发展，必须创新旅游开发模式，建立"内生"机制才能真正实现农民权益的合理保障。

5

我国乡村旅游开发中农民
权益保障的创新实践

5.1 重庆乡村旅游开发的创新实践

重庆是一个集大城市、大农村、大库区、大山区和民族地区于一体的特殊直辖市。有国家级贫困区县 14 个，市级贫困区县 4 个，贫困村 2000 个，贫困人口 202 余万。贫困村和贫困人口主要集中于秦巴山和武陵山两个集中连片特困地区，基础条件差，贫困程度深，是我国扶贫攻坚的主战场。从重庆贫困人口的空间分布来看，贫困地区与生态功能区、与乡村旅游资源富集区多有重叠。如地处秦巴山区的渝东北和地处武陵山区的各区县，山清水秀、空气新鲜，气候宜人，原始生态和乡村文化保存较好，蕴藏着丰富的旅游资源，适合发展休闲乡村旅游。但乡村旅游的开发，综合性很强，特别是路、水、电等基础设施，卫生院、垃圾池等配套设施，旅游执法、乡村管理等基础公共服务，仅靠一家企业或者一个部门难以实现，需要整个资源共同推进。因此，近年来，重庆市充分发挥贫困村的资源优势，跳出传统的扶贫模式，把高山生态扶贫搬迁、特色效益农业、农房风貌改造等项目围绕项乡村旅游开展，将乡村旅游开发与扶贫事业充分结合不仅满足了市民对乡村休闲度假的需求，同时有效改变发贫困农民的生产生活条件，探索出一条有利于贫困地区农民增收、可持续发展的乡村旅游开发之路。目前在重庆全市18 个重点扶贫区县 177 个村发展了近 10000 户农户开展乡村旅游接待，其中贫困农户 2000 余户，占比达 20%。据统计，仅 2013 年，重庆市渝东南、渝东北地区乡村旅游接待户，累计接待游客达到 600 万余人次，旅游直接收入达到 5.9 亿余元，户均收入 6 万余元；旅游总收入达 31 亿余元。特别是贫困农户，通过开展乡村旅游接待、发展配套农副土特产品生产、就近务工等多种形式的带动，户均收入达到 20000 元以上。重庆市在乡村旅游开发中的主要做法及创新实践可以概括为以下几个方面。

5.1.1 充分发挥贫困村旅游资源优势，将乡村旅游与扶贫产业充分结合

(1) 发挥贫困村乡村资源优势，承接城市带动

随着城市的扩大和市民生活水平的提高，市民对休闲度假的需求越来越大，特别是夏天重庆主城及周边的一些区县酷暑难耐，市民对于避暑纳凉需求大，而且周期长。而重庆的高山贫困村有天然的乡村资源，气候凉爽，空气新鲜，环境优美，可以因势利导发展开发春季赏花踏青、夏季避暑休闲、秋季采果观叶、冬季玩雪过节以及周末度假、农耕民俗体验为主的乡村旅游，既有利用于引导城市资源下乡扶贫，又有利于促进城乡交流，开成优势互补，快速促进贫困农户增收。乡村旅游扶贫产业开发，门槛低、投资少、风险小、农户增收快，对周边农户特别是贫困家庭种养殖业带动大，一个旅游点可以带动一个或几个村参与发展乡村旅游产业。

(2) 以资源丰富的贫困村或集镇为平台，进行乡村旅游产业综合开发

重庆市充分利用发展乡村旅游为贫困村发展搭建了很好的平台。而且将高山生态扶贫搬迁、特色效益农业、农房风貌改造等都围绕乡村旅游开展。将乡村旅游产业发展、基础设施建设、社会事业同步推进的片区综合开发，

对过去分散到千村万寨的交通、水利、教育、卫生等有限资源进行集中投入、即有利于降低成本，又利于提高资金使用效益，有效改变贫困村的生产、生活条件，缩小贫困村农村与城镇在公共服务方面的差距。将武隆、酉阳、石柱、奉节、巫溪、城口、云阳等国家重点贫困县确定为乡村旅游扶贫示范区县。按照一个区县一个片区的模式，规划了仙女山、大黄水、红池坝、摩围山、三角坝等市级示范乡村旅游发展区，基于旅游产品功能的差异，对重庆乡村旅游产品进行功能重组，形成系统化的产品系列，满足不同群体旅游休闲的需求。

5.1.2 整合各类资源，加大乡村旅游扶贫产业投入

(1) 将扶贫专项资金用于贫困区的乡村旅游开发

比如重庆市近几年，共在各贫困村安排产业项目资金 2 亿元开发乡村旅游，每个贫困村大约在 100 万元。而且为了合理分配使用资金，制定了相关政策，40% 用于村庄环境整治，55% 用于农户接待设施改造，5% 用于广告宣传为乡村旅游招揽客源。

(2) 整合相关项目资金和部分项目资源进行乡村旅游基础设施建设

乡村基础设施差，要达到旅游服务的标准，投入大，仅靠专项资金，难以形成规模气候。部分地区结合高山生态扶贫搬迁、整村推进特色产业发展、村级互助资金、扶贫培训等项目，围绕乡村旅游做文章，集中资源打造乡村旅游接待点，将交通、水利、电力等基础设施，教育、卫生、文化等社会事业和农户风貌改造、农业综合开发等项目进行整合。比如重庆市近几年的整合资金达到 10 亿元以上。

(3) 引导社会资金投入乡村旅游开发项目

部分地区为了配合乡村旅游项目的启动，包装一批项目面向社会招商，

并与民营企业联合会进行对接，比如，武陵山片区重点县丰都县江池镇横梁村乡村旅游项目，扶贫部门包装特色产业园、体验观光园和乡村旅游主题公园等项目，引进 3 家民营企业，投资 5000 万元，农户自筹资金 350 万元，结合高山扶贫搬迁项目的实施，带动搬迁 70 户开展乡村旅游接待。成立乡村旅游协会，兴建接待中主和村内基础设施，打造休闲娱乐场所，在两年内将一个贫困村改造民为一片避暑休闲的旅游接待村。仅 2013 年接待游客 3 万人次，旅游直接收入达 450 余万元，户均收入 6 万余元

（4）撬动农村闲散资金投入乡村旅游开发项目

通过项目实施，引导农户参与乡村旅游项目，拿出银行储蓄，改造食宿条件，开展旅游接待。

5.1.3 创新机制，让贫困农户成为主要受益者

（1）培育专业户、专业村和专业合作社

通过乡村旅游扶贫项目实施，将贫困农户培育成旅游接待专业户和特色种植养殖专业户，从事乡村旅游业；将贫困村建设成乡村旅游专业村，在此基础上组建乡村旅游扶贫专业合作社或者乡村旅游扶贫协会，统一进行协调、管理和服务。

（2）支持企业牵头与专业合作社和贫困户合作经营模式

支持合作社与龙头企业开展股份合作，专业户和专业村与企业合作经营的"三专两合作"的产业模式，重点探索企业牵头，村民入股的村庄公司化的模式。比如秦巴山特困片区重点县，奉节县兴隆镇杉木村，一家旅游开发公司入住该村，将农户组织起来，统一包装成乡村旅店，统一经营管理，农户按不同的消费标准提供不同的服务，产生的利润大头归农户。项目为纽带，组建专业合作社，合作社与企业合作的混合经营模式。比如石柱土家族

自治县黄水镇，成立了"黄水人家专业合作社"入社会员 100 余户，通过
合作社的整体运作，旅游接待收入成倍增长，据了解，合作社内，最高年收
入达到 100 余万元，最低的也不低于 5 万元。

（3）采取大户带动小户和户帮户的经营发展模式

为解决贫困户无经营能力而又有意愿发展乡村旅游接待的问题，支持有
能力的旅游接待大户带动贫困户从事旅游接待、劳动用工和发展农户产品生
产加工等，签订供销合同，保证贫困户收益。如秦巴山特困片区的城口县东
安乡兴田村，积极探索贫困户以房屋和补贴入股经营、贫困户与大户合伙经
营、贫困户将房屋委托大户或者合作社经营等多种模式发展乡村旅游，让该
村 10 余户高山扶贫搬迁贫困户吃上了旅游饭，户均收达到 3 万元以上。

5.2 成都乡村旅游开发的创新实践

成都是四川省省会，中国副省级城市之一，是国家经济与社会发展计划
单列市，国家历史文化名城，历史悠久，有"天府之国"的美称。成都市
自然风光绮丽多姿，旅游资源得天独厚，并具有鲜明的成都特色。而加上西
部综合交通枢纽、成渝经济区、成都试验区、天府新区建设，以及地震灾区
产业振兴等为乡村旅游大发展提供了难得的机遇。

农家乐是成都乡村旅游的重要组成部分，它是以"农家庭院"为基本
接待单位，借助于自身邻近城市的区位优势，利用自家庭院、花圃、果园等
自然条件和民俗风情吸引城市居民，开展集观赏、休闲娱乐、餐饮、购物于
一体的旅游观光经营活动。成都市自然条件优越，景观差异大，农业资源丰
富，历史文化源远流长，乡村民俗风情淳朴而浓厚，具备开发"农家乐"
旅游的资源基础。而且经过近 10 年的发展，成都近郊以"农家乐"为代表
的乡村旅游无论在发展水平、规模、经济总量增长以及发展方向等方面都居
全国领先地位。根据《2013 年成都市乡村旅游发展报告》，2013 年成都共

接待乡村旅游人数达 8559.5 万人次，占全市旅游接待总人数的 55.17%。乡村旅游收入达 142.95 亿元，占全市旅游总收入的 10.74%；乡村旅游 2013 年从业人员 35 万人，人均年收入 4 万余元，全市乡村旅游业助农增收人均约 137 元，农民人均纯收入同比增长 15%，乡村旅游成为农民增收致富的重要渠道。与此同时，乡村旅游是成都市农业发展的一大特色，目前，邛崃、彭州等地出现越来越多的可参观农场、主题菜园等。可以说成都市在乡村旅游发展中已经形成了多样化的旅游发展模式，不仅实现了与社会主义新农村建设的紧密结合，而且在模式创新、运行机制等方面也形成了鲜明的特色。

5.2.1　将乡村旅游与新农村建设相结合

发展乡村旅游与新农村建设的目标和任务是一致的，均以构筑现代乡村田园社区和建设小康新农村为己任。成都乡村旅游开发与新农村建设紧密结合主要体现在以下几个方面。

①充分利用了位于成都市郊的区位优势和特种农业产业特色突出的资源优势，属于依托大中城市的城乡互动模式，以城市居民为主要目标市场，将旅游功能定位为休闲度假。

②将政府的干预机制与市场经济的调节机制相结合。在政府主导下，建立了多渠道投融资机制；通过产业置换和失地村民的集中安置，实现土地的产权分离，村民的土地通过新型集体经济组织集中后委托投资公司统一经营，农民根据所持股份以及从事旅游接待等获得租金、薪金、股金和保障金"四金"收入。

③在乡村旅游成长初期，政府在资金、宣传、基础设施建设以及规划等方面干预扶持，农民被动参与，到中期政府指导、农民主动参与，直至最后政府溢价退出让利农民，农民自发投入。

④发展现代农业产业，打造以各种现代农业产业主题的景区吸引游客，实现了农业与旅游产业的结合，通过乡村旅游发展创造了新的经济增长点，

并运用绘画、雕塑、摄影、民俗、创意等艺术形式，实现农业向多元化经营转化，促进新农村的建设。

5.2.2 建立新型的集体经济组织

由政府主导成立农业投资公司；以村委会为基础，以村为单位成立生态旅游管理公司和资产经营管理有限公司等股份合作制公司，组成乡村旅游新型集体经济组织；村民及村委会将村内可利用的资源，如耕地、房屋、庭院等村民自有资源和池塘、树林等公共资源入股，置换新型集体经济组织的股份；按照市场化原则，新型集体经济组织享有所有乡村旅游发展资产的使用权或经营权；居民与新型集体经济组织建立新的组织和权益关系，按照居民、乡、村集体、企业等利益相关者所持股份进行分红；新型集体经济组织是村民的劳动联合和资本联合，村民以股东身份享有获得经营收入或分红的权益，以经营者身份享有参与旅游开发的权益，促进农民增收。

5.2.3 实行土地二次流转

为了实行以旅游为主导的规模化经营，在不减少原有耕地面积、不改变用地性质的前提下，把原来分散到户的土地通过出租、互换、转让、入股等方式向新型集体经济组织集中，实行土地经营权转让，再由新型集体经济组织自身或二次向有技术专长、资金实力、经营能力的专业大户、工商业主及经营能人承包经营；同时是，在政府政策引导下，将荒山、沟渠、坡坎等村集体非农耕地通过转包、出租、转让、入股等形式用于商业开发；由新型集体经济组织或引进的旅游开发企业，修建村民集中安置小区，将置换出的宅基地由安置村民的企业用于商业开发。通过二次土地流转或非农耕地置换，实现土地资源向土地资本的转变；实现土地规模经营，壮大村级集体经济；实现土地资产的升值和对社区居民利益分配的合理化。

5.2.4 建立以土地为主要资本的多元化利益分配体系

乡村旅游收益主要由农村新型集体经济组织进行有效分配，农民以土地为分配的主要依据，获得相应的租金、薪金、股金和保障金"四金"收入。租金是农民根据土地承包权的流转和宅基地的出租，每年所获得的收入；薪金是指农民作为工人参与相应企业的经营活动所得到的劳动报酬；股金来源于村民集资入股兴建的酒店、景点等的经营收益，以及新型集体经济组织中农户以宅基地、土地承包经营权或是现金折合成股份参股；同时建立城乡一体的社会保障体系，将城市的社会保障政策和制度延伸到农村，农民在五十岁或六十岁以后可按月领取养老金，生活困难的农民也可享受城市最低生活保障金，并通过新型农村合作医疗报销住院费用，全面推进城乡一体化进程。成功探索出了一条农民就地市民化、实现城乡一体化的路子。

5.3 广西乡村旅游开发的创新实践

广西乡村旅游起步较早，目前是我国乡村旅游发展较迅速的地区之一。广西阳朔可谓是我国现代国际乡村旅游的诞生地。20世纪70年代后期，桂林市开始对外开放，随后国际旅游不断发展，至20世纪90年代，桂林市的入境游客量一直是仅次于北京、上海、广州、深圳四大城市，国际旅游的蓬勃发展从客源与接待两方面推动了桂林国际旅游最大辐射区阳朔的乡村旅游发展。80年代初，不少外国游客在游览漓江回程中转地——"山水甲桂林"的阳朔旅游后被当地的田园风光和乡村生活所吸引，因此，骑自行车或徒步县城周边乡村游玩观光的外国游客逐渐增多，1982年阳朔县杨堤乡开始接待西方背包客，从而开启了我国国际乡村旅游的先河。至90年代初，到阳朔乡村旅游的游客已形成较稳定的规模，村民们自发投资兴建乡村旅馆，主动参与旅游接待服务，乡村旅游迅速发展，并同期陆续在桂林的龙胜、恭城、兴安等县先后发展起来，取得了良好的经济和生活效益。

广西有着极为丰富的自然旅游资源和人文旅游资源，而其中80%以上在农村、山区和少数民族地区，对于发展乡村旅游有着得天独厚的优势。近年来，广西以创建全国农业旅游示范点为抓手，充分利用秀美的自然山水、独特的民俗风情、文化遗产和乡土文化艺术开展农业观光旅游及农业生活体验游，促进了乡村旅游的迅速发展，使农民"离土不离乡"地实现转移就业，拓宽增收门路，改善贫困地区和少数民族地区的交通、卫生等基本生产生活条件，还能够加强群众与外界的沟通和交流，提高村民保护生态环境的意识和文明素质。乡村旅游业正在成为广西实现富民强桂的新跨越，解决"三农"问题的一条重要途径和文西新的旅游消费热，在建设社会主义新农村中发展越来越重要的作用。

5.3.1 集体经济促进社区全面发展

广西在乡村旅游开发过程中通过发展集体经济即合理利用集体财产使当地农民获得旅游收益。集体经济发展程度关系到社区的发展前景，社区居民可从乡村旅游发展中直接获益，能够提高社区居民凝聚力，在一定程度上促进景区发展。集体财产是集体经济得以发展和有效实现的物质基础，乡村旅游开发社区集体财产主要有土地、房屋等建筑物、水利设施、公共设施等。广西在实现社区经济发展过程中主要通过三种途径来实现：一是将集体经济用于完善农村基础设施建设，旅游设施，支持农村社会福利事业，提升当地农民生活水平和促进各项社会事业发展。二是当地农民在集体经济组织中就业获得工资收入。三是通过集体经济分红获得直接收益，其中分红主要来源于乡村旅游景区管理公司经营性收益，以及集体财产租赁收益。广西乡村旅游开发在发展集体经济的同时，还加强农村政治文明建设，使社区集体经济需要体现社区居民共同利益的同时，反映社区居民在农村政治、经济生活中当家做主、共同致富，以及追求平等、文明、团结、进步的先进文化。目前，由于乡村旅游资源丰富地区一般具有贫困程度较高的特点，社区集体经济还停留在初级阶段，表现在没有专门组织管理机构、经济单一、乡村旅游景区租赁经营期过长、社区发展贡献有限，社区受益群体有争议、社区居民受益面小，受益程度浅等问题。

5.3.2 乡村微型旅游企业促进社区旅游经济发展

在广西，与乡村旅游业伴生的草根经济——乡村微型旅游企业，为乡村旅游者提供了食、住、行、游、购、娱等相关旅游产品和服务，已成为旅游目的地新的旅游吸引物，发展成广西乡村地区经济社会文化发展的重要商业动态。这些微型企业最初以民营旅游经济、旅游经济实体的形式得到业界关注，长期以来发展缓慢。近年来，随着我国微型企业划分标准的出台，以及国务院、各省和自治区相应扶持政策的出台，微型企业迎来了重大发展机遇。乡村微型旅游企业以家庭住宅为主要经营场所，在充分利用社区物质资源、人力资源就地创业，既解决村民就业问题，也解决了一系列社会问题，如夫妻长期两地分居、留守老人无人照顾、留守儿童无人教育等，有效带动城乡相关产业要素向第三产业转移，直接促进创业家庭经济增收，并以家庭经济增长带动地方经济发展，推动农村经济发展方式转型升级，有效解决社区居民的增收问题。目前广西乡村微型企业已经成为创办家庭经济收入的主要来源，乡村微型旅游企业业主创业满意度、收入满意度、运营满意度、竞争满意度均较高，微型企业正发挥着正向经营效应。已成为广西开展乡村旅游地区解决"三农"问题的关键。

5.3.3 劳务经济促成弱势群体分享旅游收益

广西乡村地区存在大量剩余劳动力，乡村旅游开发后社区居民获得更多获取本地劳务经济收入的机会，他们通过提供活劳动满足旅游者各种合理需求，从而获取劳动报酬。目前，广西乡村旅游地区劳务经济的主要形式包

括：在旅游公司上班、在乡村微型旅游企业打工、提供导游服务、提供抬
轿、背包等服务。劳务经济促进了农村生产要素在更大范围内的优化配置，
直接将活劳动转化为他人需求的使用价值，为提供劳务经济者带来经济收
益，并起到提高整体社会经济发展水平作用。

　　社区居民从旅游公司获取劳务经济，其收入稳定，但相对较低。乡村
旅游景区发展到一定阶段后，为做大做强旅游业，成立或引入旅游公司进
入规范化管理成为共识，这些公司能够为社区居民提供一些就业岗位。通
常情况下，村办旅游公司规模不大，其从管理层到基层工作人员基本上是
当地社区居民，从业人员包括不同年龄段、各种学历居民，虽然工资普遍
不高，但工作热情大。进驻乡村旅游景区的外来旅游公司，往往依据其实
力招聘员工，实力雄厚的公司，其对员工学历、资历有具体要求，社区居
民很少有机会获得工作机会；实力稍逊色的公司，因其工资待遇偏低、员
工职业规划缺失等，基本上很难从外面招到员工，或招到后也难以留住员
工，收入较低的基层长驻景区员工基本为社区中年居民；乡村微型旅游企
业根植农村，绝大多数创业者均是本地人，不仅能就地就近利用农村人力
资源、物质资源进行创业，还能吸纳弱势群体就业，有效增加就业面。乡
村微型旅游企业家庭经营占绝大多数，也有部分与亲戚、朋友合伙经营、
租赁经营的，解决就业效果更为显著。另外，受经营规模和旅游淡旺季的
影响，乡村微型旅游企业在旺季雇佣短期工的现象十分普遍。社区居民作
为长期聘用员工或短期工，其工资水平往往高于旅游公司工资水平；社区
居民抬轿、背包等纯劳务收入，对社区居民的要求较低，已成为部分景区
社区居民，尤其是弱势群体获得旅游收入的重要渠道。如在广西龙胜龙脊
景区平安村，地理位置位于旅游者必经之路的家庭，能利用家庭住宅创办
乡村微型旅游企业，地理位置不好而经济条件优越的家庭，能够另外开辟
专门场所用于经营，而家庭经济不好、地理位置也不好的家庭则可以通过
抬轿、背包等获得旅游收入。村内旅游协调小组经过多年旅游管理探索，
目前实现了抬轿、背包规范化管理，抬轿由几年前的 50~60 元一次上涨
到 250 元一次，背包由十几元不等上涨到 60 元一次。

5.3.4 农业经济是社区旅游经济发展的基础

广西乡村旅游开发社区存在集体经济、乡村微型旅游企业、本地劳务经济，大量劳动力在旅游行业就地就业，并保持亦农亦旅，解决了农业发展劳动者不足的问题。乡村旅游多渠道助农增收成效显著，社区经济基础较好，能够解决农村物质投入不足问题。另外，发展乡村旅游，社区可以获得较多外部支持，新农村建设、农业生态园建设、农村改造工程，如改厨改厕改电改水，客观上为农业经济发展创造了良好的条件。农业经济发展受到土地面积投入、物质投入、劳动力投入等生产要素投入，以及财政支农支出、农业科技进步、农业机械化程度、农业产业结构调整等因素的综合影响。与传统农业社区相比，乡村旅游开发社区劳动力丰富、经济发展水平高，受生产要素投入限制少，农业经济发达，经济增长速度较快。广西乡村旅游开发社区对农产品的需求量和需求结构产生了巨大的变动，进而促使农业经济结构的变动，农产品生产靠天吃饭，供需失衡的问题得以解决。乡村旅游景区最大的卖点是乡村景观，村内集体经济用于改善农业灌溉设施，种田补助得到普遍支持。农业产业要素出现了转移效应，近年来明显呈现出从传统种植业向现代种植业、养殖业、渔业调整的趋势。旅游者对原生态旅游餐饮、住宿、旅游商品的需求旺盛，带动了农产品加工、农产品销售及其相关产品再加工的乡村微型旅游企业发展。

综上，广西乡村旅游开发不仅促进了农村第一产业发展，而且带动第二、第三产业发展，形成第一、第二、第三产业相互融合的社区经济发展态势，将使乡村旅游变身综合产业，带动农村经济社会文化全面发展，使社区经济逐步摆脱了传统农业经济和外出劳务经济的束缚，形成社区集体经济、乡村微型旅游企业经济、本地劳务经济、现代农业经济共同发展的局面。其中集体经济由于牵涉到社区每一个成员、乡村微型旅游企业是社区居民参与和从旅游业中深度受益的主要形式，这两种经济形式的发展将影响地方劳务经济和农业经济的发展前景。

5.4   浙江乡村旅游开发的创新实践

浙江省是我国最早发展乡村旅游的省份之一，也是乡村旅游业最为发达的省份之一。近年来，浙江省乡村旅游业呈现出加速发展的势头，已经成为升级农村产业结构、提高农民生活质量、促进县域经济增长的重要途径。从地域覆盖来看，出现了全省乡村旅游业全面发展的大好态势，各地的乡村旅游"后起之秀"纷纷涌现。从产品建设来看，乡村旅游不仅仅局限于"农家乐"、餐饮住宿、果蔬采摘等传统产品，休闲度假、养生康体、生态观光、现代农业等旅游新产品也大量涌现，乡村旅游与文化产业有机融合，形成了一大批乡村旅游精品项目。从市场主体来看，乡村旅游不再仅由个体或集体经济开发运营，具备先进管理理念和融资渠道的大型旅游集团大量介入，政府积极参与重点旅游项目的开发和运营，投资和运营主体呈现出多元化的发展趋势。浙江省乡村旅游发展的成功经验主要集中在以下几个方面。

5.4.1   推动农村转变经济发展方式

乡村旅游具有较强的产业关联性和带动性，通过游客旅游行为的发生和完成，依托吃、住、行、游、购、娱等环节与交通运输、餐饮住宿、批发零售、文化娱乐、农副产品生产加工等相关产业产生链接，通过以游客需求为导向，构建复杂的产业链接网络，推动农村产业结构的变革，将传统的农业资源转化为农业资本，乡村民俗文化资源转化为田园文化资本，传统的农（渔）民转化为农业资本的经营者或产业工人，推动农业跨越第二产业进入第三产业，实现农业现代化和服务化。通过加快乡村旅游的发展，能够优化农村的产业结构，最终实现经济发展方式的转型。浙江乡村旅游已成为构建完整产业链条，调整浙江农业产业结构和发展农村第三产业，巩固"千村示范万村改造"成果的重要渠道。

5.4.2　扩大有效就业，增加农民收入

旅游业是劳动密集型的服务业，就业容量大，对技能素质要求低，能够为普通劳动者提供大量的就业岗位。浙江省通过大力发展乡村旅游，在农村创造了大量的非农就业机会，促进农村富余劳动力从农业转移到非农产业，增加了农民的工资性收入和非工资性收入。比如，安吉县的大溪家村，是安吉农家乐的发源地，全村从小打小闹的零星几户农家乐起步，发展成为拥有农家乐经营户200余家，旅游相关行业从业人员达到总劳动力的68%，同时接待游客7600多人住宿和11200余人就餐，年产值亿元以上的省级农家乐旅游特色村。据统计，该村2012接待游客240余万人次，旅游收入1.8亿元，其中农家乐收入1.3亿元，平均每户增收5万元以上，真正实现农民"足不出户就业创业、经营山水发家致富"。

5.4.3　优化基础设施，改善乡村风貌

浙江乡村旅游发展对农村基础设施和乡村风貌建设提出了新的要求，拉动了农村地区的基础设施发展，为社会主义新农村建设的全面开展奠定了坚实基础。近年来，浙江省乡村旅游投资规模每年均达上百亿元，大量投资进入了交通基础设施、接待服务设施、乡村风貌整治等领域，建成了一批高档的旅游项目配套设施，提高了城乡基础设施一体化程度。浙江乡村地区的交通状况得到了明显改善，旅游配套服务设施不断增加，旅游接待能力大幅度提升，乡村环境显著改善。同时许多乡村旅游（村）点在规划布局、项目建设、建筑风格和建筑取材上坚持与自然生态和谐统一，并注重融入本土民俗文化元素，最终实现了村容村貌的净化、美化、亮化和特色化。

5.4.4　完善公共服务，提升生活品质

浙江传统的农村是公共服务薄弱的地区，随着乡村生态旅游的繁荣和发

展，物质流、信息流、资金流和人才的不断进入，对社会公共服务也相应地提出更高的要求。当地政府和旅游投资者为吸引更多的游客，不断完善乡村旅游点（村）的公共服务体系，医疗、卫生、科教、环保、安全等公共服务设施不断完善，推动社会公共服务职能不断向农村伸展，农村公共服务水平得到不断提升，当地农民的生活品质也随之得到提高，乡村生态旅游正成为推动农村公共服务均等化和提升当地居民生活品质的重要推手。

5.4.5 保护农村自然生态环境

传统农村经济发展模式中，保护生态环境与发展经济是一对矛盾体，通过发展农业、工业带动农村经济发展，必然会在一定程度上破坏农村自然生态环境。乡村优美的自然生态环境是乡村旅游赖以生存和发展的基础，生态环境的破坏必将阻碍乡村旅游的可持续发展。浙江省通过发展乡村旅游破解了农村保护环境与发展经济之间的矛盾，形成了农村自然生态环境的自发保护和发展机制，实现了农村经济、社会和生态的和谐发展。

6

乡村旅游开发中农民权益
保障长效机制的构建

6.1　乡村旅游开发中农民权益的保护层次
——"个体—组织—社区"

农民权益保护的主体是指农民权力和利益的享有者、追求者和维护者。在乡村旅游发展过程中，存在包括政府、外来投资者等主体多元化社会关系以及他们之间的社会利益交叠冲突，农民权益不能仅通过个人选择还必须通过不同组织进行集体选择的方法来实现。

在乡村旅游开发中要充分保障农民的权益，使农民可以与政府、企业通过谈判达成合作，农民与农民之间先必须达成长期合作，形成合作组织。但现在的问题是改革开放以来，中国农村的开发程度和农民的流动性不断增加，中国的农村已经不是封闭的农村，越来越多的农民有更多更好的外部发展机会，可以获得比在农村合作组织更加多的资源和更加高的收入。因此，农民之间的合作越来越困难。但农村的城镇化和农民的市民化是一个长期的历史过程，农民不可能全部离开农村，很多农民也不得不留在农村。因此，在我国的农村，一部分农民或者说一定的时间范围内，农民仍然有加强组织、增强谈判能力的需求，农民之间的合作或者联合的动力仍然十分强烈。

我国是一个农民占人口绝大多数的国家，在改革开放的今天，农民的活动和作用已经渗透到社会生活的各个方面。农民的利益也可以使农民在相互活动中形成一定的农村社区关系，这些关系是他们活动的结果，也是他们赖以生存进行活动的条件。而且，乡村旅游强调"以乡村社区为活动场所"，许多乡村社区居民的旅游发展意识与能力在不断提高，旅游业的发展与乡村社区的发展变得息息相关。因此，解决乡村旅游开发中农民权益的保护问题，不仅仅是农民自身和农民合作组织的问题，更是整个农村社区的问题。

综上所述，农民权益保护的主体不是单一的，而是一个多层次的系统。在乡村旅游开发中，农民权益保护要以动态发展的视野，以在农民为中心的主体发展权和以土地为客体的发展权构建维度中，以农民社区发展权为实践的时空载体，提出各利益相关者和谐发展的社区发展权，从而寻求农民权益更新，实现更高层次的保护。因此，广义的农民权益保护即包括对农民个体权益的保护，也包括对农民组织权益保护，还包括对农民个体、农民组织的生存的时空载体农村社区的权益保护，即包括对农民现有存量权益的保护，也包括对农民将来权益的保护。农民权益保护的主体发展正经历"个体—组织—社区"的历史发展过程。也就是说，在乡村旅游开发中，农民权益保护的个体性主体是农民、农民权益保护的群体性主体是农民组织、农民权益保护的整体性主体是农村社区。

6.2 乡村旅游开发中农民权益保障模式
——"保护—发展—内生"

6.2.1 保护农民权益的个体性主体

农民权益中经济权益与政治权益是最基本的两个方面，经济权益处于基础性、决定性地位，政治权益影响经济权益，是经济权益得以实现的前提。经济学家认为，农民也是具有有限理性的"经济人"，农民与其他社会个体一样追求自身利益。在乡村旅游开发中，各利益相关者作为"经济人"展开对乡村旅游开发利益的争夺，这就需要对处于弱势的农民及其利益进行特殊保护。保护农民权益的利益机制体系应该包括以下几个方面内容：一利益代表机制；二利益分配机制；三利益保障机制。利益代表机制是指依法确立能真正代表农民利益，维护农民权益的代表者利益表述机制当农民权益受到侵蚀时能代表农民行使表达权利，使农民利益的代表者能真正行使代表、表述、争取、维护农民权益的基本职能。利益分配机制是指依法合理地对乡村旅游活动中产生的利益进行分配及用于再开发，包括农民与其他利益相关者及农民与农民组织之间，农民与农民之间的利益分配关系。利益保障机制是依法保障农民的利益，包括农民自身利益的实现、农民利益侵害保护与受损补偿等。

6.2.2 发展农村社区组织

当前我国农民处于弱势地位已成为一种普遍的社会现象。在乡村旅游开发的聚合利益作用下促生了农民的组织化利益表达的机构的诞生——农村社区组织。有学者表示，通过组建农民利益集团，进行农民利益表达与矛盾协调，可以恢复乡村旅游的造血功能，也可以避免基层矛盾的极端式触发，在政府、外来投资者等各利益集团和农民之间构筑成缓冲与调和的桥梁，有重要的政治和经济意义。因此，在乡村旅游开发中，农村社区组织是农民权益的最佳保护者，成为提高农民组织化程度、保护农民利益、促进农村稳定和乡村旅游可持续发展的重要主体力量，是乡村旅游发展和农村和谐社会的重要组织载体。因此，在乡村旅游开发中，必须依靠社区的力量，利用社区的资源、强化社区的功能、解决社区问题，促进社区政治、经济、文化、环境协调和健康发展，不断提高社区成员——农民的生活水平和生活质量，通过农村社区组织的发展实现农民权益的保护。

6.2.3 促进乡村旅游内生发展

所谓内生发展，是相对于外源而言。乡村旅游的外源发展，是由外来企业或委托政府开发援助进行乡村旅游开发的方法。外源开发模式以追求经济增长为目标，是一种"输血式""嵌入式"的理念，过度简化了乡村结构的多样性，并且容易忽略公平、生活质量、生态保育与文化保存等非经济层面的重要性，特别是忽略了农民在乡村旅游开发中的积极性、主动性和创造性。因此，近年来，乡村旅游的发展由强调追求经济成长的外源式发展，转向为"以人为中心的发展"的内生式发展模式。根据雷易（Ray）的观点，内生发展的优势主要在于三点：一是把生产建立在地方发展的基础上，而不是建立在国家部门的基础上，这有利用于农村地方社区的发展；二是乡村旅游发展的新定位在于通过开发地区的资源，包括物力资源（旅游资源）和人力资源（当地农民），来实现农村地区的利益最大化；三是乡村旅游的开发着力于地区农民的需求、能力和前途，即地区应该具备承担实现自身社会——经济发展责任的能力。乡村旅游的外源式发展，其发展干预是外在的，对农村社区只能起到辅助作用，要想实现农村社区的真正可持续发展，其动力只能来自社区内部，来自于社区的人口——农民。因此，"内生式发展"是乡村旅游开发的理想模式，是实现农民权益保护的理想模式。

综上所述，现代农民权益保障理念是突出对农民权益全面、协调、可持续发展保护。保护的目标是：如何把分散的农民组织起来，形成合力，可持续保护农民的权益，增强农民的内生力量，实现其在经济、政治和社会权益等各个方面的平等生存权，而且在生存权基础上进一步升华，实现平等发展权。因此，在乡村旅游开发中，"保护、发展和内生"，是乡村旅游开发中农民权益的保障模式。"保护、发展和内生"模式的具体内涵包括：一是乡村旅游开发的最终目的是培养本地社区发展的能力，从而实现农村地区的可持续发展；二是为了实现乡村旅游开发最终目标，最佳的途径是以当地人作为地区开发主体，使当地农民成为地区开发的主要参与者和受益者。三是为了保证最佳途径的实现，必需的措施是建立一个能够体现当地人意志，并且有权干涉、制定地区发展决策的有效基层组织。

6.3　乡村旅游开发中农民权益保障的制度建设

基于上述理论分析及调查研究，在乡村旅游开发项目中，要实现农民权益的合理保障，关键是如何通过体制与机制的建立，把分散的农民组织起来，形成合力，增强农民的内生力量，实现其在经济、政治和社会权益等各个方面的平等生存权与发展权。因此，在乡村旅游开发中，农民权益的保障路径必须是"保护—发展—内生"。即以当地人作为地区开发主体，使当地农民成为主要参与者和受益者，在提高农民个体综合素质的同时，建立一个能够体现当地人意志，并且有权干涉、制定地区发展决策的有效基层组织，并不断创新乡村旅游开发模式，完善和改革相关体制、机制，由"外源"走向"内生"的可持续发展道路。基于以上农民权益保障的主体与保障模式的思考，建议改革和完善以下相关制度。

6.3.1　保障农民决策参与权制度

农民的决策参与权主要应体现在两个环节，即乡村旅游开发程序启动之前和开发过程中。在开发启动前，当地农民的决参与策权应体现在民事前置程序中，而在开发中失地农民的决策参与权应当体现为知情权、发言权及监督权等方面。

（1）设置民事前置程序

这里的民事前置程序指在进行乡村旅游开发前，必须要由当地农民同当地政府、开发单位就乡村旅游开发的相关事宜进行磋商。比如：乡村旅游开发中必然涉及土地流转或征收问题。在我国，由于实行土地公有制，因而在民事前置程序环节，不可能采用土地所有权转让方式，但可以授权土地所有者为用地单位设立土地使用权，同时也允许集体土地使用权可以通过土地一级市场自由出让，最大限度地尊重集体土地所有者经济决策的主动性和能动性。设置民事前置程序的一个很大的好处在于促使集体经济组织与开发单位之间在平等的基础上直接就乡村旅游开发的相关事宜订立合同，有利于双方平等地进行讨价还价，从而达成协议，实现双方经济利益的最大化，从而减少国家行政权力的干预，充分发挥市场机制的作用，有效维护当地农民的决策参与权。

（2）确立当地农民在乡村旅游开发中的知情权和发言权

从程序法理上讲，乡村旅游开发过程中的正当法律程序既是当地农民权利的重要保障，也是政府与开发商权力的有效限制。正当程序是促成理性选择的有力措施，"现代社会的中心课题是优化选择机制的形成，而正当程序正是改善选择条件和效果的有力工具，把许多价值问题转换成程序问题来处理，应当是一种明智的作用"。对于当地农民来说，参与乡村旅游开发程序并作出决策的机制本身可以使通过程序的决定具有"可接受性"。构建乡村旅游开发正当法律程序的最终目的是实现"看得见的正义"，即"通过排除各种偏见、不必要的社会影响和不着边际的连环关系的重荷，来营造一个平等对话、自主判断的场所"。完善乡村旅游开发程序，必须确立当地农民在开发前的知情权和参与决策权，改变政府单方面的开发决策体制，赋予当地农民以知情权和发言权。在西方国家，地方政府作出城市规划、土地利用规划等和居民利益紧密相关的决策，进行预先进行公告程序以后，都要广泛征求各方面的意见，再由地方议会表决通过，才能进入实施阶段。这样的决策程序虽然要花比较长的决策时间，但是可以最大限度地保障决策的正确性。科学的开发决策程序应当先行听取当地农民对乡村旅游开发计划的不同意见，赋予其表达自身经济利益的发言机会，而后才能将最终相关规划报行政审批。

(3) 健全村级财务监督制度

可以看出，我国现行村民自治制度的内在缺陷也是导致当地农民经济权益受损的重要因素之一，尤其是村级财务监督制度不健全使得法律规定的征地款项往往不能到位，成为少数村干部的囊中之物。因此，还应健全村级财务监督制度。具体而言，应当把现行村级财务公开制度的原则性、纲领性规定予以细致化。其中，对监督主体、监督程序及其法律责任都要有非常明确的规定。村民自治的主体是村民，村民自治的权力组织是村民会议或村民代表会议而不是村委会。当地农民作为村民自治主体中的成员，有权监督村级财务的收入和开支情况。对于村集体所得的乡村旅游经济收入是否用于村公共建设以及开支于哪些村公共事务，当地农民毫无疑问应当具有监督权。当地农民行使村级财务监督权并发现村干部贪污、私占和挪用村集体款项时，有权启动监督检查程序。与此同时，对村干部侵犯农民村级财务监督权并构成犯罪的，农民可以依照《刑事诉讼法》的规定对犯罪嫌疑人可以申请公诉或者提起自诉。对于侵犯农民村级财务监督权而又没有构成犯罪的，农民对涉嫌村委会干部应有权提起民事或行政诉讼。

6.3.2 保障农民土地财产权的制度

乡村旅游开发的过程实际上是开发商、政府、农民等利益相关者追求自身利益最大化的非完全信息动态博弈过程，而土地是农民在此博弈过程的重要砝码。因此，土地制度的完善是保障农民权益的重要基础。必须改革、完善与明细农民土地产权制度，加快农村土地流转的立法进程，对农村土地流转的范围、条件、程序以及收益分配、法律责任等进行详细规定，以确保农民享有农村土地的流转增值收益。同时，加强旅游土地的流转管理，尤其是农民土地流转中合同的签订与保护，也至关重要。另外，建立旅游禀赋的土地产权交易市场、建立农民土地权属价值评估体系、建立保障农民土地权益的法律援助体系也是合理保护农民权益的有效措施。

（1）健全和完善土地管理的法律制度

①从法律上明确土地所有权主体和完善其他权能的农地产权制度。一是从《宪法》《民法通则》《农村土地承包法》等法律上明确村民小组是农民土地集体所有权主体及其科学界定权能边界，严格按照界定的责权利办事。二是制定《土地承包经营流转法》，明确农民土地承包经营权为独立的财产权，可以继承和流转，制定土地流转格式合同，明确双方当事人的权利和义务。从法律上赋予土地承包经营权以物权，在不改变土地用途的前提下，农户享有对土地排他性的自主决策权、使用权、收益权和自由处置权。农村土地承包经营权流转的主体是承包方，承包方有权自主决定土地承包经营权是否流转和流转的方式，不得以少数服从多数为由强迫农户流转。三是从法律上破除征地补偿制度，实现市场化配置，保障农民经济收益权和社会权益。四是出台《土地流转监督法》，特别明确对行政违法行为应承担的法律责任，明确土地监察局的监察权能和失察责任，强化土地监察，严格执法，尽可能地堵住可能使农民权益遭受伤害的法律漏洞。

②转变政府职能，构建分权制衡的现代政府，从制度安排上切实保障农民权益。一是政府要从万能、管治型向有限、服务、法制、透明型转变，坚持有所为、有所不为的原则，市场能办好的事，由市场去调节，市场"失灵"时再由政府来弥补。政府应扮演好规划、调控、指导、监督和服务职能的角色，为土地流转提供方方面面的服务，切实保障农民土地权益不受侵蚀。二是构建和完善对行政权有效制约的权力制衡机制，强化社会舆论和群众监督，使行政侵权行为及时得到举报和曝光，严厉惩处违法行为，切实保障农民权益。

③健全和完善村民自治制度，使村民自治组织在乡村民主、维护农民权益等方面发挥作用。健全和完善村民自治制度是保护农民土地权益的重要基础。完善村民自治制度，保障村民民主选举村委会，明确村委会的主要职责是在乡镇政府和村民之间扮演信息沟通员和村民会议的组织者、农民权益呐喊者的服务角色。农村所有土地流转的事都须由全体村民讨论按民主原则表

决通过，才能贯彻执行。建立真正能够体现村集体成员意志的决策参与机制、执行机制和监督机制。

（2）明晰农村土地产权

明确农村土地产权，是优化乡村旅游用地获取途径，保障农民土地权益的基础。完善有关法律，确保农村集体土地所有权的完整性和与国有土地产权的平等性，形成城乡平等的产权体系，国家不参与土地收益的分配，而是通过税收的方式来调节土地收益。不管是集体土地流转过程或是征收为国有土地的过程，都应该是平等的财产权利交易过程。做到"两种产权，一个市场"统一管理，实现集体土地与国有土地同样用途、同等价格、同等收益的目标。另外，中国现行法律中所指的"集体所有"中集体与农民的权益关系很模糊，谁真正拥有土地，实际上并不明晰。因此，将包括土地在内的集体资产核资折股，量化到农民个人，组建村级股份合作社，让每一个村民拥有一份相应的股权，由他们自己的来控制农地资源，并拥有最终的处置权，才能使农民在谈判中可以实现自己利益的最大化。

（3）建立具有旅游禀赋的土地产权交易机制

建立旅游土地产权交易机制主要是为了促成旅游开发企业和农民的合作，让农民手中握有的旅游资源"走出去"，避免农民手中的土地得不到开发。一是要加快农村土地流转的立法进程，从农村土地流转的范围、条件、程序以及收益分配、法律责任等进行详细规定，真正维护流转各方的合法权益，尤其是处于弱势地位的农民的利益，保护农民的土地权益不受侵犯，保证乡村旅游用地的顺利获取。二是建立土地流转中介服务组织，实行土地流转委托管理，以社会力量约束政府权力。农民与集体经济组织在土地流转与土地权益问题上长期处于博弈状态。农民始终处于不利的地位，其根本的原因在于农民没有自己的组织。为了降低谈判等交易费用，大部分农业经营大户都更愿意与中介机构打交道，希望由中介机构集中单个农户的土地，然后将其推入农地租赁市场，这是优化土地资源配置、充分发挥土地资源优势、实现土地高效率、低成本、有秩序流转的有效途径。三是建立对农民土地权属的价值评估体系，价值量化农民土地的财产有利于使农民权益的最大化。科学评估旅游景区的资产价值，保障农民集体的财产权益，建立社区居民参与机制，减少负面影响。

6.3.3 保障农民社会保障权的制度

保障农民享受与城市居民同等的社会保障待遇，实质上就是保障其生存权。从某种意义上说，国家为农民提供平等的社会保障待遇，使其享受与城市居民同等的市民待遇，这是社会正义的要求。社会法学家庞德指出，法律意义上的正义意味着一种体制，意味着对人与人之间的关系的调整和对行为的安排，以使人生活得更好，满足人类对享有某项东西或实现各种主张的手段，使大家尽可能地在最少阻碍和浪费的条件下得到满足。罗尔斯也认为，社会体制或基本结构的正义是首要的正义，"一个社会体系的正义，本质上依赖于如何分配基本的权利义务，依赖于在社会的不同阶层中存在着的经济机会和社会条件"。国家通过财政收入的再分配，建立城乡一体化的社会保障体系，为乡村旅游开发的当地农民提供医疗、保险、养老等方面的基本生存权的有效保障，消解他们由于社会保障权利和义务分配不公而引起的不满和对抗情绪，有利于最大限度地体现社会公平，减少社会矛盾和冲突。

具体而言，要使失地农民真正与城市居民享受同等的社会保障待遇即市民待遇，我国亟需着手如下制度创新。

（1）及时出台全国统一性的《社会保障法》

出台全国统一性《社会保障法》体现有关失地农民在享受与城市居民同等的医疗、养老和最低生活保障的具体待遇。从法律上剔除我国城乡二元社会保障制度的不合理现状，为实现失地农民的平等社会保障权奠定法制基础，形成社会保障与土地保障之间的替代效应，通过健全的社会保障制度体系诱导农民在乡村旅游开发中主动放弃土地，为乡村旅游开发搭建了很好的制度平台。

（2） 建立适合于失地农民需要的基本医疗保障制度

我国部分地区的农村经济发展水平还不具备把所有失地农民的医疗保障均纳入社会医疗保险制度的条件，因此各地应在全国统一性立法的总体指导原则之下，因地制宜，建立多层次的失地农民医疗保障制度。首先，为失地农民建立相应的社会医疗救助制度，由政府和民间结合，加强多元投入机制，引导社区经济、企业和慈善机构等个人方面的捐助，充实失地农民医疗救助基金；其次，为失地农民办理投保大病保险；最后，有条件的地方应建立新型合作医疗保障制度，主要着眼于克服传统合作医疗制度筹资不畅的弊端，建立以个人出资为主、集体扶持、政府适当支持的筹资机制。

（3） 建立失地农民社会养老保险制度

我国绝大多数地方的农村经济发展水平还不具备把所有失地农民的医疗保障均纳入社会医疗保险制度的条件，因此各地应在全国统一性立法的总体指导原则之下，因地制宜，建立多层次的失地农民医疗保障制度。对于尚未就业和经济条件相对困难的失地农民则应建立统账结合的养老保险制度模式。其所需保险资金按照政府、集体和失地农民个人三方合理负担的原则解决。

（4） 建立适当水平的失地农民最低生活保障制度

最低生活保障制度是公民的生存权得到保障的重要体，也是我国宪法所规定的"物质帮助权"的必然要求。为此，必须合理界定最低生活保障制度的保障对象，即只能是生活水平暂时或永久地低于或等于国家公布的最低生活水平的失地农民。同时，科学地厘定失地农民享受最低生活保障待遇的标准。设立失地农民最低生活保障基金，纳入财政专户，实行收支两条线管理，专项用于被征地农民的最低生活保障。

6.3.4 保障农民就业权的制度

为了真正保障乡村旅游开发中农民的就业和再就业权，落实当地农民享受较之城镇居民享受更为优厚和积极的特殊社会保障待遇，即笔者所谓的超市民待遇，我国目前亟须着手以下制度构建。

(1) 及时出台《促进就业法》或者《促进就业指导纲要》

制定《促进就业法》或者《促进就业指导纲要》，其目的是为乡村旅游开发后的失地农民的就业和再就业提供法律依据，从法律上正式确立失地农民的特殊社会保障权，以真正实现"国际人权宪章"中"人人"或"每个人"都享有的权利，并为其失业提供法律援助。通过立法引导当地农民在乡村旅游业积极谋取生存出路，是每一个公民的发展权的要求。为此，我国在立法中应逐步清除现行城乡二元社会结构下对农民选择就业和再就业时所面临的制度性歧视，明确规定农民享有自由就业权，彻底改变我国农民再就业时被边缘化的不合理现状。

(2) 积极做好就业安置扶持工作

总的要求是，各级政府对于乡村旅游开发后失地农民要实行与城市居民同等的就业援助办法。专门出台针对弱势群体的就业援助政策，保障其享有与城市居民同等各项就业扶持优惠政策的前提下给予在乡村旅游业就业的重点帮扶。对于缺乏自主创业能力的当地农民，做好其就业安置工作实际上就是要求各级政府及开发商积极地为他们在乡村旅游业中提供广泛的就业机会。如，物管、绿化、保洁、巡逻、守车等岗位，同等条件下也可向当地农民重点倾斜，帮助其实现再就业。对于具有自主创业能力的当地农民，可考虑制定税收等方面的优惠政策，鼓励其从事个体经营，鼓励其创办旅游微型企业。对资金极其困难的、自主创业的当地农民，提供一定数额的贴息贷款。

(3) 制定农民职业培训计划，提升其市场就业观念、技能和素质

长期以来，我国农民由于缺少受教育和培训机会，文化素质和劳动技能普遍很低，在当地乡村旅游开发后面临着就业风险。解决失地农民的就业难题，除政策性就业安置和扶持措施以外，根本途径在于帮助其建立全新的符合旅游市场发展要求的就业观念，鼓励其积极参加旅游就业培训，提高劳动技能，在乡村旅游发展中寻找就业机会。政府部门应建立完善的就业培训计划，按照"政府统筹，部门协作、社会参与"的思路，把农民的技能培训作为促进其再就业的突破口，依照缺什么、教什么，旅游市场需要什么、办什么的办学原则，紧紧抓住乡村旅游发展的有利契机，结合餐饮、商贸、旅游等行业的特点，有针对性地开展岗位技能培训。

6.3.5 保障农民环境权益的制度

解决农村环境问题不能仅从环境问题入手，而需要在整个乡村旅游开发项目的范围内注重资源开发、生态环境影响等一系列问题，把发展乡村旅游促进经济发展的理念贯穿于农村污染防治的各个领域。由于乡村旅游本身的属性导致其是需要与生态环境的可持续发展相结合的，所以乡村旅游开发中的环境保护问题不能带有局限性，要从宏观的角度，从普遍联系的观点入手，在大力发展经济不动摇的观念下，注重整个生态环境的保护，而不是只负责自己开发的这一块土地。因此，环境保护应服务于乡村旅游的可持续发展，并以"权利"为本位来保障农民的环境权利为出发点和落脚点。

(1) 在农民环境权中加入安宁权

在乡村旅游开发中，安宁权是被漠视的权利，但是由于开发的滋扰，外地人员的加入，治安的下降，安宁权无时无刻不存在在农民的日常生活中，生活安宁权的保护对农民来说是最贴近生活的。具体来说，我们要做的就是在立法上确权，使之有法可依，首先就是民法当中对于相邻权的规定，需要

更加的具有包含性和囊括性，将乡村旅游开发中的农民生活安宁权涵括在内；其次就是在具体的环境法规上增加对于细则的规定，提高其可操作和可保护性，全面的保护农民的环境权益。

（2）建立农村领导干部环境保护工作考核制度

在乡村旅游开发盛行的农村里，领导干部决策的考核标准都应当纳入环保考核的内容，至少应当包括公众环境质量评价、空气质量、饮用水质量、环保投资增长率、群众性环境诉求事件数量等要素。这种考核方式能够使农村领导从单纯的抓经济发展，片面追求 GDP 的增长转变到重视农村社会的全面协调可持续发展。同时还应当建立与完善包括清洁开发制度、农村环保行政问责制度、农村生态环境综合治理定量考核制度等在内的农村环境管理制度，从制度层面出发，全方位的保障乡村旅游开发中的农民环境权益。

（3）充分发挥科学技术在农村环境保护中的作用

目前，我国的乡村旅游开发里包含的科技含量远远不够，而且开发的过程中管理也不科学，乡村旅游开发项目应当兼顾农民环境权的保护，这就需要加大科研的力度和管理的学习，如发展污染水源的治理和修复技术、适用于乡村旅游开发的工业污染防治技术等。只有这样才可以提高资源的有效利用率，减少各方面的污染，做到清洁开发，并能够做到发展旅游业的同时保护农民环境权的良性循环。

附录

乡村旅游开发中农民权益
保障现状调查问卷

尊敬的农民朋友：

　　您好！因课题研究需要，针对乡村旅游开发中农民权益保障的具体情况进行调查研究，本调查采取不记名的形式，请放心填写调查问卷，您的支持与配合将会给我们提供莫大的帮助，非常感谢！

　　（注：请在相应的位置打√）

国家教育部人文社科基金课题组

2012 年 11 月

1. 您所在地的乡村旅游属于哪种类型？

A. 乡村观光旅游（自然和田园风光观光，农事活动或乡土建筑观光等）

B. 乡村劳作和收获旅游（体验传统农、林、牧、渔业劳作，摘果、捕鱼、采蘑菇等）

C. 乡村娱乐健身旅游（划船、滑雪、滑草、游泳、漂流、登山、节庆娱乐等）

D. 乡村度假旅游（享受乡村幽静的环境和旖旎风光，体验农家生活等）

E. 乡村教育旅游（农业劳作教育，动植物养殖知识，传统工艺技术知识等）

F. 乡村购物旅游（购买绿色无污染的新鲜农产品、花卉及特种养殖农产品等）

G. 乡村探险旅游（洞穴探险、森林探险、峡谷和海岛探险等）

2. 您所在地的乡村旅游属于哪种开发模式？

A. 企业为开发经营主体开发模式，具体分为：□企业独立开发模式；□企业独立开发经营社区居民参与模式；□股份合作制企业开发模式

B. 村集体为开发经营主体开发模式，具体分为：□村集体经济体开发模式；□村集体组织全民参与开发模式

C. 村民自主开发模式，具体分为：□政府推动村民主自开发模式；□社区旅游机构组织农户自主参与开发模式

D. 政府主导村民参与开发模式（政府部门开发的大型旅游景区）

E. 混合型开发模式，具体分为：□公司＋农户开发模式；□企业＋村委会＋农民旅游协会开发模式；□企业＋村委＋农户开发模式；□村集体组织村民自愿自主参与开发模式

一、乡村旅游开发对您和您家庭的影响

（一）经济影响

1. 您是否愿意为了配合乡村旅游开发而流转土地？

A. 非常愿意　　　B. 愿意　　　C. 视情况而定　　　D. 不愿意

E. 非常不愿意

2. 如果您的土地发生流转，是否签订过协议或合同？（　　），如果没有正式签订，是否有口头协议（　　）？如果签订了协议或合同，是否进行了公证（　　）。

A. 是　　　　　　B. 否

3. 您的土地采用的是哪种流转方式？

A. 征收，补偿标准是_____元/亩

B. 租用，租金标准是_____元/亩

C. 反租倒包，租金标准是_____元/亩

D. 入股分红，_____亩土地折算一股，分红标准是_____元/股/年

E. 其他流转方式_____，标准是_____元/亩

4. 你对土地流转的收入是否满意?

A. 非常满意 　　　B. 满意 　　　C. 一般 　　　D. 不满意

E. 非常不满意

5. 旅游开发前,您的家庭经济年收入是多少_____元。主要收入来源(　　　)(可多选,并按重要性排序)。

A. 务农 　　　　　B. 在外打工 　　C. 销售小商品 　　D. 其他_____

6. 旅游开发后,您的家庭经济年收入是多少_____元。主要经济来源(　　　)(可多选,并按重要性排序)。

A. 出租土地 　　　B. 出租房屋 　　C. 外出打工 　　D. 在景区工作

E. 开农家乐 　　　F. 其他

7. 您对目前的经济收入是否感到满意?

A. 非常满意 　　　B. 满意 　　　C. 一般 　　　D. 不满意

E. 非常不满意

8. 您认为影响您家庭收入的重要原因是什么?(　　　)(可多选,并按重要性排序)

A. 缺乏资金 　　　　　　　B. 劳动力有限

C. 自身文化水平低 　　　　D. 农产品销售难

E. 外出打工等增加收入的机会少 F. 其他因素

9. 影响您在乡村旅游中取得旅游收入的原因有(　　　)(可多选,并按重要性排序)。

A. 缺乏资金 　　　　　　　B. 劳动力有限

C. 自身文化水平低或无一技之长

D. 土地租金低 　　　　　　E. 房屋租金低

F. 在景区打工、就业等增加收入的机会少

G. 其他因素

(二) 社会影响

10. 您认为旅游开发对当地的环境有什么影响?

A. 环境越来越好 　　　　　B. 环境有所改善

C. 环境改变不大　　　　　　D. 环境变差

E. 环境变得很差

11. 您认为旅游开发对当地民俗文化有什么影响？（注：民俗文化包括民俗工艺文化、民俗装饰文化、民俗饮食文化、民俗节日文化、民俗戏曲文化、民俗歌舞文化、民俗绘画文化、民俗音乐文化、民俗制作文化等等）。

A. 极大地促进了当地文化的发展　B. 对当地文化有所促进

C. 对当地文化的没有影响　　　　D. 对当地文化造成一些破坏

E. 对当地文化造成了很严重的破坏

12. 您认为乡村旅游开发产生的好的影响有哪些？（　　　）（可多选，并按重要性排序）

A. 带来了交通便利　　　　　　B. 增加了公共服务设施

C. 提高了生活质量和生活水平　D. 改善了居住环境

E. 增加了工作机会　　　　　　F. 开眼界、长见识

G. 其他：_____

13. 您认为乡村旅游开发产生的不好影响有哪些？（　　　）（可多选，并按重要性排序）

A. 贫富差距加大　　　　　　　B. 物价上涨

C. 农民生活受到干扰　　　　　D. 利益分配不均造成恶性竞争

E. 村民间矛盾激化　　　　　　F. 其他_____

14. 你目前的社会保障有哪些？（　　　）（可多选）

A. 社会养老保险，标准是_____

B. 新型合作医疗，标准是_____

C. 最低生活保障制度，标准是_____

D. 其他保障_____，标准是_____

15. 发展乡村旅游后，您的社会保障有没有改善？

A. 保障标准提高了　　　　　　B. 没有改善

C. 其他_____

16. 您对当地乡村旅游开发总体感受？

A. 不大清楚

B. 没有给农民带来什么实惠

C. 实惠不明显，还需要加大力度

D. 明显感到了旅游开发对农民带来的好处

E. 不仅没有带来实惠，还带来了很多问题

（三）政治影响

17. 乡村旅游开发方案有没有征求过您的意见？

A. 有　　　　　　B. 没有　　　　C. 不清楚

18. 乡村旅游开发方案有没有经过当地村民会议或村民代表会议表决？

A. 有　　　　　　B. 没有　　　　C. 不清楚

19. 您愿意参与乡村旅游开发方案的制定吗？

A. 非常愿意　　B. 愿意　　　C. 无所谓　　　　D. 不愿意

E. 非常不愿意

20. 当地有没有开展过旅游就业培训或类似的素质和技能培训？

A. 有　　　　　　B. 没有　　　　C. 不清楚

21. 您或您的家人是否参与过旅游就业培训或类似的素质和技能培训？

A. 参与过多次　　B. 很少参与　　C. 从没参与

22. 如果参与旅游就业培训或类似的素质和技能培训，那么您认为培训效果如何？

A. 效果很好　　B. 效果比较好　C. 效果一般　　　D. 没有效果

E. 效果很差

23. 您对乡镇政府实施的乡村旅游开发政策是否感到满意？

A. 非常满意　　B. 满意　　　C. 一般　　　　D. 不满意

E. 非常不满意

24. 您对旅游开发的开发企业是否感到满意？

A. 非常满意　　B. 满意　　　C. 一般　　　　D. 不满意

E. 非常不满意

25. 您对村干部的看法?

A. 非常满意　　　B. 满意　　　C. 一般　　　　D. 不满意

E. 非常不满意

二、建议或诉求

26. 关于乡村旅游开发您对当地政府有什么好的建议或有什么诉求?

_____

27. 关于乡村旅游开发您对开发商有什么好的建议或有什么诉求?

_____

28. 您对本地乡村旅游的发展有什么好的建议或期望?

_____

三、您的基本情况

29. 您家的地址是 _____ 省（市）_____ 县 _____ 镇（乡）_____ 村 _____ 组。

30. 您的家庭人口数 _____ 人，您家劳动力人数 _____ 人。

31. 您的年龄 _____ 岁。

32. 您的文化程度 _____，您家庭成员中最高文化程度是 _____。

33. 您家与上述乡村旅游中心景点的距离 _____ 公里。

34. 您家的农用地有 _____ 亩，宅基地 _____ 平方米。

参 考 文 献

[1] 周玲强、黄祖辉. 我国乡村旅游可持续发展问题与对策研究 [J]. 经济地理, 2004 (7): 573-575.

[2] 高军波. 我国乡村旅游发展中农户利益分配问题与对策研究 [J]. 桂林旅游高等专科学校学报, 2006, 17 (5): 577-580.

[3] 李长健. 论农民权益的经济法保护——以利益与利益机制为视角 [J]. 中国法学, 2005 (3): 80-83.

[4] 唐善茂. 基于可持续发展理论的西部地区特色旅游资源开发极限效应研究 [M]. 科学出版社, 2009: 85-86.

[5] 李长健. 农民权益保护视角下新农村社区发展法律问题之思考 [J]. 政治与法律, 2010 (1): 67-75.

[6] 代则光, 洪名勇. 社区参与乡村旅游中居民行为的博弈分析 [J]. 贵州农业科学, 2009, 37 (9): 261-264.

[7] 孙凤芝, 许峰. 社区参与旅游发展研究评述与展望 [J]. 中国人口·资源与环境, 2013 (23): 142-147.

[8] 周春发. 乡村旅游地居民的日常抵抗——以徽村拆建房风波为例 [J]. 旅游学刊, 2012 (2): 32-37.

[9] 唐善茂, 张瑞梅等. 论龙胜旅游景观结构与旅游可持续发展 [J]. 学术论坛, 2005 (7): 10-13.

[10] 周广永. 山村旅游业可持续发展研究——以基层组织和机制创新为切入点 [M]. 浙江大学出版社, 2009: 85-86.

[11] 郭华. 乡村旅游社区利益相关者研究——基于制度变迁的视角

[M]．暨南大学出版社，2010：220-226.

[12] 方碧姗．乡村旅游利益主体均衡机制研究——以武夷山市为例 [D]，2010.10：47-50.

[13] 潘顺安．中国乡村旅游驱动机制与开发模式研究 [M]．经济科学出版社，2009：198-200.

[14] 巩胜霞．皖南乡村旅游农民利益最大化经营模式研究——以西递、宏村为例 [D]，2012.4.

[15] 高军波．我国乡村旅游发展中农户利益分配问题与对策研究 [J]．桂林旅游高等专科学校学报，2006（10）：40-45.

[16] 周绍健．乡村旅游开发中农民权益保障及机制构建探微——以浙江省为例 [J]．乡镇经济，2009（4）：63-66.

[17] 吴必虎．区域旅游规划原理 [M]．北京：中国旅游出版社，2001.

[18] 曹建华．旅游业对农村和农民的影响——贵州省荔波县、云南省昆明市团结乡和云南省石林县的案例分析 [J]．中国农村经济，2006（10）：72-77.

[19] 何景明．边远贫困地区民族村寨旅游发展的省思——以贵州西江千户苗寨为中心的考察 [J]．旅游学刊，2010（2）：37-42.

[20] 谢雨萍，李肇荣．乡村民居旅馆的开发与经营初探——以桂林阳朔为例 [J]．经济地理，2005（5）：87-95.

[21] 杨旭．文化场域在贵州民族文化旅游区域中的实践——以屯堡文化为例 [J]．贵州民族学院学报，2011（8）：75-80.

[22] 杜江．关于乡村旅游可持续发展的思考 [J]．旅游学刊，1999（1）：21-25.

[23] 胡文海．基于利益相关者的乡村旅游开发研究——以安徽省池州市为例 [J]．农业经济问题，2008（7）：82-89.

[24] 刘青梅．新农村建设背景下观光农业复合型开发模式研究——思南县凤鸣村乡村旅游开发模式初探 [J]．贵州社会主义学院学报，2010（6）：45-49.

[25] 王雄瑾. 新农村建设视野下民族地区乡村旅游协调发展模式探析——以融水苗族自治县为例 [J]. 贵州社会主义学院学报, 2011 (8): 88 – 95.

[26] 刘振卿. 浅析乡村旅游景观 [J]. 北京第二外国语学报, 1999 (2): 87 – 90.

[27] 刘黎明, 李蕾. 乡村旅游景观规划设计的相关问题探讨 [J]. 中国园林, 2003 (2): 39 – 41.

[28] 李天元, 王连义. 旅游学概论 [M]. 天津: 南开大学出版社, 1999.

[29] 齐亚萍. 论旅游的和谐之美 [J]. 桂林旅游高等专科学校学报, 2001, 12 (4): 35 – 37.

[30] 阳国亮. 多维视角旅游文化研究简论 [J]. 桂林旅游高等专科学校学报, 2004, 15 (2): 86 – 88.

[31] 曹国新, 宋修建. 旅游的发生、发展及其本质——一种基于发生学的考察 [J]. 华东师范大学学报 (哲学社会科学版), 2004, 36 (3): 116 – 120.

[32] 王佳慧. 当代中国农民权利保护的法理 [M]. 中国社会科学出版社, 2009.

[33] 杜承铭. 人权本源宪政理念的冲突与调适——我国加入〈公民权利和政治权利国家公约〉的宪法调整问题 [J]. 武汉大学学报 (哲学社会科学版), 2005, (5): 78 – 98.

[34] 徐勤政, 刘鲁, 彭珂. 城乡规划视角的旅游用地分类体系研究 [J]. 旅游学刊, 2010: 54 – 61.

[35] 温铁军. 农民社会保障与土地制度改革 [J]. 学习月刊, 2006 (10): 22 – 23.

[36] 徐钢, 方立新. 论劳动权在我国宪法上的定位 [J]. 浙江大学学报, 2007 (4): 45 – 60.

[37] 周志雄. 论建立失地农民的就业保障制度 [J]. 探索与争鸣,

2007 （5）：10 - 20.

　　[38] 穆季平. 发展农村经济应重视生态环境问题 [J]. 河南财政税务高等专科学校学报，2006，20（4）：10 - 11.

　　[39] 乌东峰. 论农村社区机制与农村生态环境保护 [J]. 学术论坛，2005，168（5）：81 - 85.

　　[40] 邱东. 谁是政府统计的最后东家 [M]. 中国统计出版社，2003：48 - 51.

　　[41] 高铁梅. 计量经济分析方法与建模——Eviews 应用及实例 [M]. 北京：清华大学出版社，2006：302 - 303.

　　[42] 刘承良，颜琪，曾菊新. 武汉城市圈旅游经济的空间溢出分析 [J]. 经济地理，2009，29（5）：846 - 860.

　　[43] 李长健，李昭畅. 和谐语境下建立农村社区利益机制的探讨 [J]. 绿色中国，2007（1）：22 - 28.

　　[44] 李长健. 农民权益保护视角下新农村社区发展法律问题之思考 [J]. 政治与法律，2010（1）：67 - 75.

　　[45] 李天元. 中国旅游可持续发展研究 [M]. 天津：南开大学出版社，2004.

　　[46] 冯灿飞，马耀峰. 贫困型山地旅游区可持续旅游开发模式研究 [J]. 生态经济，2006（1）：94 - 95.

　　[47] 张建宏. 论乡村旅游的可持续发展 [J]. 农业经济，2006（12）：9 - 11.

　　[48] 刘纬华. 关于社区参与旅游发展的若干理论思考 [J]. 旅游学刊，2000（1）：47 - 52.

　　[49] 潘秋生，李九全. 社区参与和旅游社区一体化研究 [J]. 人文地理，2002（4）：38 - 41.

　　[50] 楚永生. 利益相关者理论最新发展理论综述 [J]. 聊城大学学报：社会科学版，2004（2）：33 - 37.

　　[51] 张金花. 中国乡村旅游利益相关者关系研究 [D]. 河南理工大

学，2009.6.

[52] 郭哲. 农民权利保护与权利救济的人本发展观视角 [D]，湖南大学法学院，2006.

[53] 付悦余，宣海林. 中国农民问题的法律根源及对策 [J]. 法律适用，2005（10）：33-37.

[54] 梁爽. 弱势群体的宪法权利保护比较研究 [J]. 人大复印资料宪法学行政法学，2004（11）：29-30.

[55] 赵万一. 中国农民权利的制度重构及其实现途径 [J]. 中国法学，2012：5-17.

[56] 陈婴红. 论农民权利的缺失——从国家与农民契约关系的角度 [J]. 理论导刊，2004（5）：68-70.

[57] 程宗璋. 我国现代化进程中农民权利及保护机制综述 [J]. 北京：中国农业大学学报，2003（2）：15-18.

[58] 丹尼尔. 经济利益与经济制度——公共利益的理论基础 [M]. 上海人民出版社，1996.

[59] 蔡硕聪. 建设新型农村社区若干问题的思考 [J]. 中国农业信息，2014（2）：57-58.

[60] 彭丽，谭艳等. 基于智慧旅游背景下的乡村旅游发展模式研究——以重庆合川区为例 [J]. 农业经济，2014（12）：38-45.

[61] 陶长江，付开菊等. 乡村旅游对农村家庭关系的影响研究——成都龙泉驿区石经村的个案调查 [J]. 干旱区资源与环境，2014（10）：25-30.

[62] 文军. 广西乡村旅游开发社区经济形式探析 [J]. 广西经济管理干部学院学报，2015，27（1）：79-84.

[63] 阮慧娟，吴雪飞. 浙江省乡村生态旅游的发展模式与路径探讨 [J]. 中南林业科技大学学报（社会科学版），2015，9（2）：61-64.

[64] 黄璜. 浙江省发展乡村旅游的经验与启示 [J] 安徽农业科学，2011（7）：113-122.

[65] 李长健；邵江婷. 基于农民权益保护的倾斜性权利配置研究——以利益和利益机制为视角 [J]. 吉首大学学报（社会科学版），2010 (1)：72 - 79.

[66] 李长健. 论农民权益的经济法保护——以利益与利益机制为视角 [J]. 中国法学，2005 (3)：120 - 132.

[67] 单飞跃. 农民发展权探源——从制约农民发展的问题引入 [J]. 上海财经大学学报（哲学社会科学版），2009 (5)：25 - 29.

[68] 曲颂. 农村社区管理模式的分析与评价 [D]. 北京：中国农业科学院，2012.

[69] 周永广. 基于社区主导的乡村旅游内生式开发模式研究 [J]. 旅游科学，2009 (5)：36 - 41.

[70] 郭艳军. 农村内生式发展机理与实证分析 [J]. 经济地理，2012 (9)：114 - 125.

[71] 张文显. 法理学 [M]. 高等教育出版社，2003.

[72] 季卫东，法治秩序的建构 [M]. 中国政法大学出版社，1999.

[73] 陈载文. 乡村旅游开发中农民权益保护问题研究 [D]. 南京农业大学，2010.

[74] 庞德. 通过法律的社会控制法律的任务 [M]. 商务印书馆，1984.

[75] 罗尔斯. 正义论 [M]. 中国社会科学文献出版社，1988.

[76] 黎洁. 西部生态旅游发展中农村社区就业与旅游收入分配的实证研究 [J]. 旅游学刊，2005，20 (3)：18 - 20.

[77] Murdoch J. Networks：A new paradigm of rural development? Journal of rural studies，2000 (16)：407 - 419.

[78] Hengsdijk H. Poverty and biodiversity trade-offs in rural development：A case study for Pujiang country，China，Agricultural systems，2007，90 (5)：24 - 32.

[79] Ravallion M. Are there lessons for Africa from China's success against

poverty. World Development, 2009, 30 (10) 1769 - 1778.

[80] Janes William Jor dan. The Summer People and the Natives: Some effects of Tourism in a Vermont Vacation Village [J]. Annals of Tourism Resea rch, 1980, 17 (1): 34 - 55.

[81] Timothy J. M acnaught. Mass Tourism and the Dilemmas of Moderniza tion in Pacific Island Communities [J]. Annals of Tourism Research, 1982, 19 (3): 359 - 381.

[82] Murphy, P. E.. Tourism: A Community Approach [M]. New York: Methuen, 1985.

[83] Murphy P. E. Tourism: A Community Approach [M]. New York: Methuen, 1985.

[84] McIntosh R. W. & Goeldner G. R. Tourism: Principles, Practices, Philosophies [M]. New York: Wiley, 1986.

[85] Freeman R. E. Strategic Management: A Stakeholder Approach [M]. Boston: Pitman, 1998.